## 환영합니다

본 교회에 새로 나오신 것을 진심으로 환영합니다. 교회생활을 처음 시작하시는 여러분을 위하여 이 책을 마련하였습니다.

이 안내서를 잘 읽으시고 믿음의 성장과, 생활에 풍성한 축복이 있기를 바랍니다. 혹 문의하실 것이 있으면 언제든지 담임목사를 찾아 주십시오. 성심껏 설명해 드리겠습니다.

(유의사항을 읽고 참조하시기 바랍니다.)

이 름 : _____
주 소 : _____
교회명 : _____

담임목사 ㉞

## 처음 나오신 분의 유의사항

1. 교회의 집회에 빠지지 말고 나오셔야 합니다.
2. 시간에 늦지 않게 나오셔서 기도로 준비해야 합니다.
3. 교회에 들어오실 때는 조용히 들어오시고, 만일 늦으셔서 기도하는 시간이면 기도가 끝난 후에 들어오셔야 합니다.
4. 주보를 받으면 한 번 살펴보시고, 주보에 따라 예배가 진행되므로 잘 활용하시기 바랍니다.
5. 예배시간에는 하나님이 함께하신다는 믿음을 가지고 경건하게 예배드리셔야 합니다.
6. 예배가 끝난 후에는 서로 인사를 나누시고 성도간에 사귐을 가지셔야 합니다.
7. 광고를 잘 듣고 교회의 한 식구로서 모든 일에 관심을 가지고 참여하셔야 합니다.
8. 처음 나오신 분도 교회의 여러 모임에 참석하여 활동할 수 있습니다. 청년은 청년회에, 기혼 남성은 남선교회에, 기혼 여성은 여전도회에, 학생은 학생회에, 어린이는 교회학교의 해당되는 부서에 들어가 신앙 성장에 도움을 받으시도록 하셔야 합니다.
9. 교회에서 귀 가정에 심방을 오시면 기쁜 마음으로 환영 하시고, 예배드릴 수 있도록 장소를 마련해 주셔야 합니다.
10. 주소나 인적 사항을 기록하실 때 협조해 주시고, 주소 이동 등 무슨 일이 있을 때에는 권찰이나 교역자에게 신속히 연락하셔야 합니다.

기독교를 이해하는 길잡이

# 새신자 가이드

박 원 섭 목사 저

한국문서선교회

## 박원섭 목사 소개

고려신학대학 졸업
총신대 목회신학원 졸업
고전·광산·진주·서현·대구서부교회 시무
진주노회장, 대구노회장, 남서울노회장 역임
대구신학교, 서울신학교 강사 역임
대구 성서 전문학교 강사 및 이사장 역임
서울 남교회 담임목사 역임

「새 가정예배서」
「구역운영의 지침」
「학습 문답과 해설」
「세례 문답과 해설」
「소요리 문답과 해설」
「영성 모범기도」(공저)
「착하고 신실한 종아」(공저)

## 추천사

전 총신대학원장
신학박사

# 박 윤 선

### 새신자 교육에 공헌할 양서!

교회의 3대 임무를 전도, 교육, 봉사라고 합니다. 어느 것 하나 소홀히 할 수 없는 것들이지만, 그 중에서도 교육이 차지하는 비중은 막중하다 할 것입니다. 교육을 통해 말씀으로 무장된 성도는 전도와 봉사에도 손색이 없을 것이기 때문입니다.

그러므로 현재와 미래에 있어 성장과 발전을 기대하는 교회라면 평신도 교육에 목회의 역점을 두어야 할 것은 말할 것도 없습니다.

이 중에서도 처음으로 교회에 입교한 새신자들이란, 기독교의 진리에 생소하고 쓰이는 용어도 익숙치 못해서 목사님의 수준 높은 설교가 은혜는커녕 설교 구경만 하고 그 영혼은 굶주린 상태로 돌아가게 되는 것입니다.

만약 이들이 교회에 재미를 느끼지 못하고 중도에 신앙생활을 포기한다면 이는 새신자 자신에게도 책임이 없지 않지만, 교회가 그들을 잘 가르치고 훈련시키지 못한 책임을 면치 못할 것입니다.

이런 의미에서 새신자 교육은 보다 중요한 것입니다.

교육에는 피교육자의 수준에 알맞은 교재가 첫째 필요한 것입니다.

박원섭 목사가 집필한 「새신자 가이드」는 기독교에 대한 근본적인 교리를 잘 다듬어서 요약했으면서도 핵심을 꿰뚫은 역작이라 하겠습니다. 또한 신앙생활에 필요한 실질적인 문제에까지 친절히 안내해 주고 있는 점은 이 저서의 진가를 높여 주고 있습니다.

이 교재가 새신자들의 심령이 자라는 데 양식이 되고, 평신도 교육에 크게 공헌할 것을 믿어 이를 교계에 추천하는 바입니다.

# 머리말

## 새신자 육성의 길잡이로!

교회의 가장 막중한 사명은 가르치는 일입니다. 기성 신자를 가르치기도 해야 하지만, 모여드는 새신자를 꼭 가르쳐야 합니다.

믿기로 결심하고 등록한 교인은 목사님의 고상한 설교를 들어도 무슨 말인지 이해하지 못합니다. 알 수 없는 말을 부자유스러운 곳에서 장시간 듣는 것처럼 싫증나고 고된 일이 없을 것입니다. 그러므로 흔히 몇 주일 나와 고역을 치르다 견디지 못해 떨어지는 것입니다. 아마 이런 사람은 교회라는 데는 다시 갈 곳이 못 된다는 인상을 깊이 가질 것입니다. 그러나 이해가 되도록 가르쳐 진리를 하나씩 깨닫게 될 때는 교회를 절대로 멀리하지 않고 기뻐하며 열심히 참석할 것입니다.

필자는 오래 전부터 새신자 교안의 필요성을 느껴오다가 이번에 이 책을 내어놓게 되었습니다.

이 책은 초신자들이 성경의 초보적인 진리를 쉽게 깨달을 수 있도록 쉬운 말로 엮었으며 세밀하게 대소지를 나누었습니다.

이 책이 모여드는 새신자들로 하여금 기독교의 근본 진리를 쉽게 이해할 수 있도록 도와주는 새신자 양육교재로써 교회를 유익하게 하고 하나님께는 영광이 되기를 간절히 소원합니다.

이 책이 출간되기까지 모든 과정 위에 함께하신 하나님께 감사드리며, 출판을 맡아 주신 한국문서선교회 대표 김기찬 장로님께 깊은 사의를 표합니다.

서울남교회 당회장실에서
저자 **박 원 섭**

간행사

## 「새신자 가이드」를 내면서

교회 부흥의 지름길은 새신자를 어떻게 교육을 잘 시켜 바른 신자가 되게 하느냐에 달려 있다고 봅니다.

어느 교회나 매 주일 많은 새신자가 등록을 하지만, 그들이 다 결실하지 못하고 교회를 등지는 가슴 아픈 현상을 바라보면서도, 이들을 잘 가르쳐 훌륭한 신자로 육성하는 데에는 좀 등한히 하는 교회도 없지 않은 듯합니다.

그러므로 열심히 전도하여 새사람을 교회로 인도하는 것도 중요하지만, 그들이 중도에 신앙생활을 포기하지 않고 참 신자로 자라도록 지도하고 교육하는 일이야말로 교회가 책임지고 해야 할 긴요한 과제인 것입니다.

그러나 이들이 읽고 이해할 수 있는 적절한 교재가 충분치 못한 것도 사실이었습니다. 이 방면에 대한 교재가 전혀 없는 것은 아니나 새신자가 읽고 이해하기엔 너무 난해하고 산만해서 권장하기가 어려웠습니다.

이에 많은 목회자들의, 알기 쉽게 간추린 새신자 육성교재의 출간 요청으로 이번에 박원섭 목사님께서 집필해 주시게 되었습니다.

 아무쪼록 이 교재가 새신자들로 하여금 기독교를 올바로 이해하고, 구원의 확신과 생활에 큰 변화를 가져오게 하는 좋은 길잡이가 되어 주었으면 하는 바람 간절합니다.

 끝으로 바쁘신 목회생활 중에도 원고를 집필해 주신 박 목사님께 감사를 드립니다.

한국문서선교회<br>
김 기 찬

# 일러두기

이 「새신자 가이드」를 사용하는 데, 다음 사항을 참고해 주시기 바랍니다.

1. 새신자가 등록을 하면 교회는 이 책을 그들에게 나누어 주시고 가정에서 공부하도록 지도할 것입니다.

2. 교회에서 일정한 시간에 가르치시든지 혹은 각 가정을 순회하면서 가르치셔도 좋을 것입니다.

3. 가르치실 때 표시된 성경 구절을 새신자 본인이 반드시 찾아 읽도록 하면 도움이 될 것입니다.

4. 복습문제는 반드시 답을 써서 채점해 보도록 하면 도움이 될 것입니다.

5. 책 속의 성경책명은 약자로 표시되었으니(예:창=창세기, 출=출애굽기, 미=미테복음, 막=마가복음) 성경책 앞에 있는 약자표를 보고 익히도록 하십시오.

6. 주기도문, 사도신경, 십계명과 중요한 성경 구절은 외우도록 하시면 좋을 것입니다.

7. 책 뒤의 '나의 교회생활 출석부'를 잘 보고 빠짐없이 체크해 가도록 하시면 신앙에 도움이 될 것입니다.

# 차례

## 1. 하나님에 대하여
1. 하나님이 계신 증거 / 21
2. 하나님은 어떤 분이신가? / 23
3. 하나님과 인간과의 관계 / 25
- 복습문제 / 26

## 2. 예수 그리스도에 대하여
1. 이름의 뜻 / 29
2. 예수님은 누구이신가? / 29
3. 예수께서 하신 일은 무엇인가? / 31
- 복습문제 / 34

## 3. 성령에 대하여
1. 성령은 누구이신가? / 36
2. 성령은 언제 오셨는가? / 36
3. 성령께서 하시는 일은 무엇인가? / 36
4. 성령 충만을 받는 비결은 무엇인가? / 36
5. 성령 받은 증거는 무엇인가? / 38
- 복습문제 / 38

## 4. 사람에 대하여
 1. 사람은 어떻게 있게 되었는가? / 41
 2. 사람의 본분은 무엇인가? / 42
 3. 사람은 왜 불행하게 되었는가? / 42
 4. 죄악을 해결하는 방법은 무엇인가? / 44
 • 복습문제 / 46

## 5. 구원에 대하여
 1. 구원의 뜻 / 48
 2. 하나님의 구원 계획 / 48
 3. 구원 받는 방법 / 48
 • 복습문제 / 49

## 6. 믿음에 대하여
 1. 믿음의 대상은 누구인가? / 50
 2. 믿음의 출처는 어디인가? / 50
 3. 믿음의 실제는 무엇인가? / 51
 4. 믿음을 가짐으로 얻는 것은 무엇인가? / 51
 5. 믿음의 표준은 무엇인가? / 52
 • 복습문제 / 52

## 7. 성경에 대하여
 1. 성경은 어떤 책인가? / 54
 2. 성경 기록 연대와 기자 / 55
 3. 성경의 중심 사상 / 55
 4. 성경을 기록한 목적 / 55

5. 성경에 대한 우리의 태도 / 56
• 복습문제 / 57

## 8. 교회에 대하여
1. 교회란 무엇인가? / 60
2. 교회가 하는 일 / 60
3. 교회 내에 어떤 직분이 있는가? / 61
4. 교회 내에 어떤 회의가 있는가? / 62
• 복습문제 / 63

## 9. 예배에 대하여
1. 예배란 말의 뜻 / 65
2. 예배드리는 시간 / 65
3. 예배드리는 장소 / 65
4. 예배드리는 목적 / 66
5. 예배자의 태도 / 66
6. 예배의 순서와 방법 / 66
• 복습문제 / 67

## 10. 찬송에 대하여
1. 찬송의 뜻 / 68
2. 찬송의 효과 / 68
3. 찬송은 어떻게 불러야 하는가? / 69
• 복습문제 / 69

## 11. 기도에 대하여

1. 기도는 어떤 것인가? / 70
2. 왜 기도하는가? / 70
3. 어떻게 기도해야 하는가? / 71
4. 기도의 응답은 어떻게 오는가? / 72
5. 기도생활은 어떻게 해야 하는가? / 72
- 복습문제 / 73

## 12. 헌금에 대하여

1. 헌금의 뜻 / 75
2. 헌금할 때의 마음 / 75
3. 헌금을 해야 할 이유 / 75
4. 헌금을 교회가 어떻게 사용하는가? / 76
5. 헌금의 종류 / 76
6. 헌금함으로 받는 복 / 76
- 복습문제 / 77

## 13. 성례에 대하여

1. 성례의 종류 / 79
2. 세례란 무엇인가? / 79
3. 유아 세례란 무엇인가? / 79
4. 세례의 양식 / 80
5. 성찬이란 무엇인가? / 80
6. 왜 성찬 예식을 거행하는가? / 80
7. 성찬 예식에 참여함으로써 얻는 것 / 80
8. 성찬에 참여하는 자의 마음가짐 / 81

9. 성례는 1년에 몇 번 거행하는가? / 81
10. 학습이란 무엇인가? / 81
- 복습문제 / 82

## 14. 주일에 대하여
1. 주일(안식일)은 어느 날인가? / 84
2. 왜 이레 중 첫날을 주일로 지키는가? / 84
3. 주일을 어떻게 지켜야 하는가? / 84
4. 주일을 지킴으로 얻는 유익 / 85
- 복습문제 / 86

## 15. 전도에 대하여
1. 전도란 무엇인가 / 87
2. 왜 선도를 해야 하는가? / 87
3. 전도를 어떻게 하는가? / 87
4. 전도하는 데 갖추어야 할 것 / 88
- 복습문제 / 89

## 16. 헌신과 봉사에 대하여
1. 헌신과 봉사란 무엇인가? / 90
2. 헌신과 봉사를 어떻게 하는가? / 90
3. 왜 헌신 봉사해야 하는가? / 91
- 복습문제 / 91

## 17. 시험과 승리에 대하여
1. 성도들을 시험하는 자는 누구인가? / 92

2. 어떤 방법으로 시험하는가? / 92
3. 마귀가 성도들을 시험하는 목적 / 93
4. 하나님께서 시험을 이기게 하시는 방법 / 93
5. 시험을 이기는 자가 받는 축복 / 93
• 복습문제 / 94

## 18. 세상 종말과 예수의 재림
1. 성경의 예언 / 95
2. 예수의 재림 시에 진행되는 일 / 96
3. 세상 종말이 가까웠다는 성경의 예언이 이루어지고 있는가? / 96
• 복습문제 / 97

## 19. 중요한 교회 절기
1. 부활절 / 99
2. 맥추감사절 / 99
3. 추수감사절 / 99
4. 성탄절 / 100
• 복습문제 / 100

## 20. 왜 기독교의 교파가 많은가?
1. 교파의 종류 / 102
2. 교파가 많이 생긴 이유 / 102
3. 교파가 많음으로 유익한 점 / 103
• 복습문제 / 103

# 부록

- **교인이 꼭 알아야 할 상식 / 104**
주기도문/사도신경/십계명/성경 찾아보는 법/꼭 기억해 두어야 할 성경 구절/신앙생활에 도움 되는 말씀들/참고 되는 성구

- **중요한 낱말풀이 / 111**
계시/메시아/보혜사/알파와 오메가/스올(음부)/인자(人子)/임마누엘/재림/주의 기도(주기도문)/중보자(仲保者)/중생(重生)/탈무드/할렐루야/호산나/회개

- **새신자를 위한 심방 안내 / 115**
심방의 필요성/심방하는 분들/심방 일시/심방대원 영접

- **새신자를 위한 구역예배 안내 / 118**
구역예배의 귀중성/구역예배 일시/구역예배 장소/구역예배 참석자/구역예배 장소 준비

- **사복음서 주요 사건 대조표 / 121**

- **성경 분류표 / 124**

- **나의 교회생활 출석부 / 125**

# 1. 하나님에 대하여

## 1. 하나님이 계신 증거

어떤 분은 "하나님이 어디 있느냐?"고 묻습니다. 그들은 눈으로 모든 것을 다 볼 수 있는 줄 알고 있습니다. 그러나 세상에는 우리 눈에 보이지 않는 것이 너무도 많습니다.

하나님은 신이심으로 우리 눈으로 볼 수 없는 분입니다. 그러나 하나님이 계신 것을 다음 증거로써 분명히 알 수 있습니다.

### 1) 모든 피조물이 증거합니다.
 (1) 우주와 만물이 기묘하게 조직되었습니다.
 (2) 질서 정연하게 움직이고 있습니다.
 (3) 아름답고 신기하게 그 목적을 이루고 있습니다.

그러므로 많은 천문학자들이 천체의 신비함과 기묘하게 조직된 것과 운행되는 것을 보고 우주만물은 저절로 생긴 것이 아니라 창조주의 창조로 되었다고 믿고 있습니다. 성경 시편 19:1과 로마서 1:20에도 만물이 하나님의 영광과 능력을 나타내고 있다고 했습니다.

### 2) 사람의 양심이 증거합니다.
 (1) 모든 사람에게 선과 악을 분별하는 양심이 있습니다.

짐승에게는 양심이 없고 사람에게만 있는 것은, 하나님의 뜻대로 살도록 하시려고 주신 것입니다(벧전 3:21).
 (2) 지구상 어느 민족이든지 위급한 때는 하나님께 호소합니다.

그렇게 하도록 교육이나 권유를 받은 일이 없는데도 하나님을 찾는 것은 양심의 고백이요, 인간 본심의 부르짖음입니다. 하나님이 없다면 어떻게 사람의 심중에서 이러한 공통적인 호소가 나올 수 있겠습니까?

### 3) 성경이 증거합니다.

피조물과 양심보다 성경은 하나님이 계신 것을 한층 더 구체적으로 증거하고 있습니다. 그러므로 겸손한 마음으로 성경을 상고하면 하나님이 계신 것을 명백히 깨닫게 됩니다. 성경에는 하나님께서 행하신 여러 가지 일이 기록되었습니다(창 1:1).

또, 하나님께서 자신을 '스스로 있는 자'라고 밝히신 것도 기록되었습니다(출 3:14). 그리고 하나님이 직접 하신 말씀들이 기록되어 있습니다. 그뿐 아니라 하나님께서 독생자 예수님을 세상에 보내 주신 사실도 기록되었습니다(요 3:16).

### 4) 예수께서 증거하셨습니다.

(1) 예수께서 "하늘에 계신 우리 아버지여"(마 6:9)라고 기도하시면서 부르셨습니다.

(2) 예수께서 "내가 하나님께로부터 나와서 왔음이라"(요 8:42)고 하셨습니다.

(3) 예수께서 "나를 본 자는 아버지(하나님)를 보았거늘"(요 14:9)이라고 하셨습니다.

(4) 예수께서 운명하실 때, "아버지(하나님) 내 영혼을 아버지 손에 부탁하나이다"(눅 23:46)라고 하셨습니다.

하나님이 계신 증거는 이 밖에도 많이 있으나 생략합니다. 무엇이나 우리의 눈으로 볼 수 없는 것은 증거로써 알 수 있는 것입니다. 하나님을 눈으로 보고 믿으려 하지 말고, 증거를 보고 계신 것을 믿기 바랍니다.

## 2. 하나님은 어떤 분이신가?

하나님은 인간이 갖지 아니한 절대성과 인간과 같은 동일성을 가지고 계십니다.

### 1) 하나님의 절대적 속성
 (1) 영원 자존성입니다.
  근원이나 원인, 협력 없이 스스로 계신 분이요(야훼), 시작도 끝도 없이 영원히 계십니다(알파와 오메가).
 (2) 영원 불변성입니다.
  모든 것은 변해도, 하나님은 변하지 않습니다. 하나님의 본체도, 작정하신 뜻도 변하지 않습니다(히 1:12, 약 1:17).
 (3) 무한성입니다.
  모든 피조물은 유한합니다. 그러므로 그 길이, 넓이, 깊이, 높이와 그 분량을 측량할 수 있습니다. 그러나 하나님은 어느 정도의 분인지를 측량할 수 없이 무한합니다. 욥기 37:23에 "전능자를 우리가 찾을 수 없나니"라고 했고, 열왕기상 8:27에 "하늘과 하늘들의 하늘이라도 주를 용납하지 못하겠거든"이라고 했습니다.
 (4) 무소부재성입니다.
  모든 피조물은 있는 그곳 외에 다른 곳에는 없습니다. 그러나 하나님은 우주와 우주 밖에도 아니 계신 곳이 없습니다(시 139:8~10).
 (5) 전지전능성입니다.

하나님은 모르시는 것이 없습니다(대상 28:9). 그리고 못하실 것이 없는 능력을 가지신 분입니다(창 17:1, 출 6:3). 그러므로 태초에 아무것도 없는 중에서 만유를 창조하신 것입니다.

(6) 주권적 속성입니다.
 ① 하나님은 만유의 주인이십니다(대상 29:11). 하늘과 천사도 지상의 인간도 우주의 만물도 하나님의 것입니다.
 ② 하나님은 만유를 다스리시는 분입니다(시 97:1). 우주와 우주 밖에 하나님의 지배를 받지 않는 것은 하나도 없습니다.
 ③ 하나님은 만유를 수호•유지•협력하시고, 그 존재의 목적을 정하시고 이루어 가십니다(시 136:6~7, 잠 16:4).
 (☞ 하나님의 주권성을 사람과 공유적 속성으로 보는 학자들도 있음)

이상 몇 가지 속성은 다른 어떤 피조물도 가지지 않고 하나님만 가지신 것이므로 절대적 속성이라 합니다.

## 2) 사람과 공유적 속성
(1) 지적(知的) 속성입니다.
 ① 하나님의 눈앞에는 만물이 완전히 드러나 있어 모든 것을 알고 계십니다(히 4:13).
 ② 하나님은 과거 일이나 미래의 일 전체를 현재 일처럼 알고 계실 뿐 아니라 보고 계십니다(사 46:9~10, 48:3, 말 3:16).
 ③ 하나님은 인간의 선하고 악한 언행 전체를 알고 계십니다(잠 15:3).

④ 하나님은 인간의 마음 상태와 숨겨져 있는 모든 것까지 알고 계십니다(삼상 16:7).
(2) 도덕적 속성입니다.
① 하나님은 죄악과 구별되신 거룩하고 참되신 분입니다(히 12:14, 벧전 1:15~16).
② 선을 기뻐하시고(막 10:18), 악을 미워하시는 분입니다(합 1:13).
③ 선을 행하고 직책에 충성한 자에게는 상을 주시고, 악을 행하며 직책에 불충성한 자에게는 벌을 주시는 분입니다(롬 2:6~10).
(3) 정서적 속성입니다.
① 하나님께서 창조하신 만물을 보시고 좋아하셨고(창 1:4~31), 선함과 의로움을 기뻐하십니다(잠 11:1).
② 하나님은 모든 인류를 사랑하시고 긍휼히 여기시며 자비를 베푸십니다(요 3:16).
③ 사악한 것과 불순종, 그릇된 것을 보시고 진노하십니다(엡 5:6).

## 3. 하나님과 인간과의 관계

### 1) 하나님은 인간을 특수하게 창조하셨습니다.
(1) 흙으로 육체를 만드시고, 영혼을 불어넣어 생령이 되게 하셨습니다(창 2:7).
(2) 다른 동물들과는 달리 사람을 하나님과 교제하도록 창조하셨습니다(고전 1:9).
(3) 영생할 수 있도록 창조하셨으나 인간이 범죄함으로 영생을 상실했습니다(창 2:17, 3:17~19).

## 2) 만물을 창조하여 인간에게 주셨습니다.

 (1) 인간으로 하여금 물질세계를 정복하고 다스리도록 하셨습니다(창 1:28).
 (2) 인간의 의식주를 위하여 만물을 자유로 사용하게 하셨습니다(창 1:29~30).

## 3) 외아들을 인간의 구주로 보내 주셨습니다(요 3:16).

하나님께서 예수님을 이 세상에 보내사 우리를 구원하시려고 희생하게 하신 일을 보아 하나님이 우리를 한없이 사랑하시는 줄을 잘 알 수 있습니다(요일 4:10).

## ❖ 복습문제

1. 우리 눈으로 모든 것을 다 볼 수 있는가?

2. 하나님이 계신 것을 무엇으로 알 수 있는가?

3. 하나님이 계신 증거 네 가지를 말하시오.

4. 피조물의 어떤 점이 하나님이 계신 것을 나타내는가?

5. 사람의 양심은 무엇을 분별하는가?

6. 짐승들에게도 양심이 있는가?

7. 양심은 누가 주신 것인가?

8. 양심은 어떻게 살도록 주신 것인가?

9. 사람이 위급할 때 누구를 찾고 부르는가?

10. 사람이 하나님을 부르는 이유는 무엇인가?

11. 하나님이 계신 사실을 더욱 구체적으로 증거하는 것이 무엇인가?

12. 누가 천지 만물을 창조했는가?

13. 하나님은 자신을 어떤 분이라고 말씀하셨는가?

14. 하나님이 누구를 세상에 보내셨는가?

15. 하늘에서 오셔서 하나님을 증거하신 분은 누구신가?

16. 예수께서 기도하실 때 하나님을 어떻게 부르셨는가?

17. 예수께서 내가 누구에게로부터 나아서 왔음이리고 하셨는가?

18. 예수께서 운명하실 때 자기 영혼을 누구에게 부탁하셨는가?

19. 하나님의 성품을 두 부분으로 나누어 말하시오.

20. 하나님의 절대적 속성은 몇 가지인가?

21. 영원자존성이란 무엇인가?

22. 영원불변성이란 무엇인가?

23. 무한성이란 무엇인가?

24. 무소부재성이란 무엇인가?

25. 전지전능성이란 무엇인가?

26. 주권적 속성이란 무엇인가?

27. 하나님이 사람과 동일한 속성은 무엇인가?

28. 지적 속성이란 무엇인가?

29. 도덕적 속성이란 무엇인가?

30. 정서적 속성이란 무엇인가?

31. 하나님이 만물을 창조하사 누구에게 주셨는가?

32. 하나님이 예수님을 인간의 무엇으로 보내셨는가?

# 2. 예수 그리스도에 대하여

## 1. 이름의 뜻

1) 예수(마 1:21)
 '여호와 하나님은 구원이시다.'

2) 그리스도(마 1:16)
 '기름 부음 받은 자'
 구약시대에 기름 부어 세우는 3대 직분이 있었는데 선지자, 제사장, 왕이었습니다.
 예수님을 '기름 부음 받은 자'라고 부르는 이유는, 인류를 구원하시려고 위의 세 가지 직분을 모두 지니고 계신 분이시기 때문입니다.

3) 주(主)
 일반적으로는 권위자를 존칭하는 칭호로 사용되고, 노예의 주인을 말할 때 쓰는 칭호입니다. 그러나 성경에 기록된 '주'(主)는 하나님을 표현하는 칭호입니다.

## 2. 예수님은 누구이신가?

1) 하늘에서 오신 분입니다(요 3:13, 6:38, 42, 62).
 예수님은 천국에 계셨습니다. 영원 전부터 영(靈)으로 계시다가 성부 하나님의 보내심을 받아 이 세상에 오셨습니다(요 3:17, 6:57). 이 세상에 오실 때 다음과 같은 특수한 내용으로 오셨습니다.
 (1) 동정녀 마리아의 몸에 성령님의 잉태로 탄생하셨습니다(마 1:20). 이렇게 될 것을 약 700년 전 선지자 이사야가 미리 말했는데 그대로 되었습니다.
  ① 탄생 장소:유대 땅 베들레헴(미 5:2).
  ② 처녀의 몸에서:모든 인간들처럼 부정모혈(父精母血)로 나지 않고 성령 잉태로 나실 것을 예고했는데(사 7:14), 그대로 이루어졌습니다.
 (2) 하나님이 사람의 몸을 입으시고 탄생하신 것입니다. 우리 인간들은 인성(영혼・육체)만 가졌지만 예수님은 신성과 인성을 가지신 분입니다(요 1:14). 그러므로 예수님은 하나님이시며 사람이십니다(요 10:30).

## 2) 하나님의 아들이십니다(요 3:16~17).

예수님은 하나님의 삼위(성부・성자・성령) 중 성자의 격위(格位)를 가지신 분이지만 영광과 권능은 동일합니다. 성자 되신 예수님은 아들로서 하실 일을 하려고 세상에 오셨습니다.

## 3) 믿는 자의 구주가 되십니다.

 (1) 예수님은 사람을 죄에서 구원하십니다(히 9:12, 10:10~14).
죄악의 더러움과 그 세력 및 형벌에서 구원하여 주시는 분은 예수님 한 분밖에 없습니다.
 (2) 예수님은 인간을 마귀에게서 구원하십니다(히 2:14).
모든 사람이 타락하여 마귀에게 속했고 붙들려 있으며, 끌려다니며 종살이하고 있습니다(요 8:44, 엡 2:2). 그러므로 예수께서 그 권세에서 구원하여 자유하게 하시며 우리로 악마를 이기게 하여 주십니다(요일 3:8).

(3) 예수님은 인간을 영원한 사망의 권세에서 구원하십니다.

죄의 값은 멸망입니다(롬 6:23). 사망은 죄 때문에 생긴 것으로서 억만 인류를 멸망시키는 권세를 가진 것입니다. 사망의 권세는 모든 인류를 지옥으로 쓸어 넣습니다(눅 16:22~24). 그러므로 인간 중에 이 세력을 이길 자가 아무도 없습니다.

그런데 예수님은 죽은 자 가운데서 다시 살아나시사(부활) 사망의 세력을 깨뜨려 버리심으로써 믿는 사람들로 하여금 죽음의 해를 받지 않도록 하고 천국으로 인도해 주십니다(눅 16:22, 23:43). 그러므로 예수를 믿는 사람은 죽은 후에 천국으로 들어가게 되는 것입니다.

## 3. 예수께서 하신 일은 무엇인가?

예수께서 하신 일은 너무나 많지만, 우리를 구원하시려고 행하신 일 몇 가지만 말씀드리겠습니다.

### 1) 복음을 증거하셨습니다.

(1) 가난하고 고독한 사람을 위로하시고, 병든 자를 고쳐 주시면서 복음을 전하셨습니다(마 4:23~25).
(2) 죄 많은 사람도 물리치지 않으시고 친근히 하시며 말씀을 전하셨습니다(눅 5:30~32).
(3) 어린 아이들에게는 축복해 주시면서 교훈하셨습니다(막 10:13~16).

예수께서 복음 진리를 전하신 것은 말씀을 듣고 믿음을 얻어 구원받도록 하려는 것입니다. 믿음은 말씀을 들음으로 얻는 것입니다(롬 10:17).

## 2) 십자가에 못 박혀 속죄의 죽음을 죽으셨습니다.

(1) 예수님은 우연히 죽은 것이 아니고, 성경에 기록된 예언대로 죽으셨습니다(사 53장).
(2) 예수님의 죽음은 많은 사람을 살리고 의롭게 하는 죽음입니다(사 53:11, 롬 5:18).
(3) 예수님 자신의 죄는 없으나(고후 5:21, 히 4:15), 남의 죄를 대신 짊어지고 갈보리 언덕 십자가에 달려 죽으셨습니다(사 53:6, 요 1:29).
(4) 예수님의 죽음은 남을 구원하시려고 대신 죽으신 속죄의 죽음입니다(마 20:28).

## 3) 부활하셨습니다.

(1) 죽은 지 3일 만에 살아나셨습니다(막 16:1~6).
(2) 구약성경에 예언한 대로 살아나셨습니다(시 16:10, 사 53:10, 단 12:2).
(3) 이레 중 첫날(일요일)에 살아나셨습니다(막 16:9).
(4) 하나님의 권능으로 살아나셨습니다.
 ① 성부의 권능으로(행 2:24, 3:15) 살아나셨습니다.
 ② 성자의 권능으로(요 2:19, 10:18) 살아나셨습니다.
 ③ 성령의 권능으로(벧전 3:18) 살아나셨습니다.
 죽음을 이기는 권능은 성삼위께만 있으므로, 그 권능으로 우리들을 부활시켜 주실 것입니다(마 22:29~32, 요 5:28~29, 롬 8:11).
(5) 부활하신 후 많은 사람에게 보여 주셨습니다. 막달라 마리아를 위시하여(요 20:16) 제자들에게 10여 차례 보여

주셨습니다(고전 15:4~8, 요일 1:1~2).
(6) 부활하신 예수님의 몸은 물질과 시간과 공간을 초월하는 몸입니다.
① 살과 뼈가 있는 육체였습니다(눅 24:39, 요 20: 20~27).
② 아무 교통 기관 없이 어디든지 가고 싶은 곳을 자유로이 내왕할 수 있는 몸입니다.
③ 방문을 열지 않아도 자유로이 출입하시는 신비스러운 몸이었습니다(요 20:19).
④ 식사를 할 수도 있고, 아니하고도 사는 이상적인 몸입니다(눅 24:30~43).
⑤ 죽지도 않고 썩지도 않는 몸입니다(고전 15:42).
⑥ 병들거나 늙지 않고, 영생하는 몸이었습니다(단 12:2, 요 5:28~29).

## 4) 승천하셨습니다.
(1) 성경에 예언된 대로 승천하셨습니다(시 24:7, 68:18).
(2) 부활하신 후 40일 만에 감람산상에서 승천하셨습니다(행 1:3, 12).
(3) 승천하실 때, 많은 제자들이 그곳에 모여 목격했습니다(행 1:9~11).
(4) 장차, 세상 끝날 재림하실 것을 약속하셨습니다(마 25:31, 행 1:10~11).
(5) 성령을 보내시기로 약속하고 승천하셨습니다(행 1:4~8).

## ❖ 복습문제

1. '예수'라는 이름의 뜻은 무엇인가?

2. '그리스도'라는 이름의 뜻은 무엇인가?

3. '주'라는 이름의 뜻은 무엇인가?

4. 예수님은 어디서 오신 분이신가?

5. 예수님을 누구의 몸에 누가 잉태케 하셨는가?

6. 사람의 몸을 입으시고 오신 하나님을 누구라 부르는가?

7. 예수님은 누구의 아들인가?

8. 예수님은 믿는 사람에게 무엇인가?

9. 예수님은 믿는 사람을 무엇으로부터 구원하시는가?

10. 예수께서 사람들에게 전하신 것은 무엇인가?

11. 예수님은 어디서 어떻게 죽으셨는가?

12. 예수님은 누구의 죄 때문에 죽으셨는가?

13. 예수님은 죽은 지 며칠 만에 부활하셨는가?

14. 예수의 부활에 대한 예언은 구약성경 어디에 있는가?

15. 예수님은 이레 중 어느 날에 부활하셨는가?

16. 예수님은 누구의 권능으로 부활하셨는가?

17. 예수님은 부활 후 대략 몇 번이나 나타나셨는가?

18. 부활하신 예수님의 몸은 무엇을 초월하는 몸인가?

19. 예수님은 부활 후 40일 계시다가 어떻게 되셨는가?

20. 예수께서 승천하실 때 본 사람이 있는가?

21. 승천하신 예수님의 두 가지 약속은 무엇인가?


## ❖ 십자가상의 일곱 말씀

1. "아버지 저들을 사하여 주옵소서"(눅 23:34).
2. "오늘 네가 나와 함께 낙원에 있으리라"(눅 23:43).
3. "여자여 보소서 아들이니이다"(요 19:26).
4. "엘리 엘리 라마 사박다니"(마 27:46, 막 15:34).
5. "내가 목마르다"(요 19:28).
6. "다 이루었다"(요 19:30).
7. "아버지 내 영혼을 아버지 손에 부탁하나이다"(눅 23:46).

## 3. 성령에 대하여

### 1. 성령은 누구이신가?
성 삼위 중, 셋째 위에 계신 분이신데, '하나님의 영(靈)'(사 61:1, 마 10:20)이라고도 하고, '그리스도의 영'(롬 8:9, 벧전 1:11)이라고도 하며, '성령'이라고 부르기도 합니다(행 1:8).

### 2. 성령은 언제 오셨는가?
예수께서 성령을 보내시겠다고 약속하신 대로, 승천하신 지 10일 후에 강림하셔서 역사하십니다(행 2:1~4).

### 3. 성령께서 하시는 일은 무엇인가?
① 죄를 깨닫게 하여 회개케 하십니다(행 5:31~32).
② 마음을 거룩하고 새롭게 변화시켜, 새사람이 되게 하십니다(요 3:5~6).
③ 구원의 진리를 깨닫고 믿게 하십니다(요 14:26).
④ 기쁨, 평안, 소망을 주십니다(롬 14:17, 15:13).
⑤ 불의의 세력과 싸워 승리할 수 있는 지혜와 힘을 주십니다(마 10:17~20).
⑥ 일할 수 있는 열심과 능력을 주십니다(행 1:8).
⑦ 그리스도를 믿는 성도들 심중에 좌정하셔서 지키시며 영원토록 동거하여 주십니다(요 14:16~17).

### 4. 성령 충만을 받는 비결은 무엇인가?
성령의 세례는 한 번 받으면 되는 것입니다. 이는 거듭날 때 받는 것입니다. 거듭난(중생한) 성도는 모두 성령의 세례를 받은 사람입니다(요 3:5, 딛 3:5).

그러나 성령 충만은 중생한 성도가 여러 번 성령을 받음으로 되는 것입니다(행 2:4, 4:8, 31). 신자들 중 어떤 분은 성령 충만함을 받고, 어떤 이들은 성령 충만함을 받지 못하고 있는데 누구나 충만함을 받아야 합니다.

성령을 충만히 받으려면 다음 몇 가지 일을 힘써 실행해야 합니다.

### 1) 기도 생활에 힘써야 합니다.

예수께서 "너희 하늘 아버지께서 구하는 자에게 성령을 주시지 않겠느냐"(눅 11:13)고 말씀하셨습니다. 예수께서 승천하신 후 120명의 성도들이 마가의 다락방에 모여 합심하여 기도함으로 성령의 충만함을 받았습니다(행 2:1~4, 4:23~31).

### 2) 말씀을 듣고 배움으로 성령 충만함을 받습니다.

고넬료가 베드로를 청하여 하나님의 말씀을 듣는 중 거기 모인 모든 사람에게 성령이 충만히 임하셨습니다(행 10:1~5, 44~47).

### 3) 회개하고 세례 받음으로 성령 충만함을 받습니다.

베드로가 전한 말씀을 듣고 마음에 찔림 받은 많은 무리들이 "형제들아 우리가 어찌할꼬"(행 2:37) 할 때, 베드로는 "너희가 회개하여 각각 예수 그리스도의 이름으로 세례를 받고 죄사함을 받으라 그리하면 성령의 선물을 받으리라"(행 2:38)고 했습니다.

## 5. 성령 받은 증거는 무엇인가?

여러 가지 증거가 있으나 간추려 몇 가지만 말씀을 드립니다.

① 자신이 죄인이므로 멸망 받게 될 줄 깨닫습니다(눅 5:8, 요 16:8).
② 예수님을 속죄의 구주로 믿게 됩니다(고전 12:3).
③ 하나님을 아버지라 부릅니다. 그 이유는 아들의 영(성령)을 받았기 때문입니다(롬 8:15).
④ 성경에 기록된 진리를 깨닫게 됩니다(고전 2:12~14). 성령께서 마음을 새롭게 또는 밝게 하여 주시기 때문입니다.
⑤ 마음 가운데 평안과 감사함과 기쁨이 넘칩니다(엡 5:19~21). 이는 성령께서 모든 좋은 선물을 주시기 때문입니다.
⑥ 주시는 은사를 받습니다. 성령께서 나누어 주시는 은사의 종류가 많습니다(고전 12:4~11, 27~31). 이 여러 가지 은사를 성령께서 자기 뜻대로 각 사람에게 각각 다르게 주십니다(고전 12:11).
⑦ 성령의 아홉 가지 열매를 맺습니다. 갈라디아서 5:22~23에 기록된 아홉 가지 열매는 다음과 같습니다. '사랑, 희락, 화평, 오래 참음, 자비, 양선, 충성, 온유, 절제'입니다. 이 열매는 성령 받은 사람이라야 그 사언행(思言行)에서 맺을 수 있습니다.

## ❖ 복습문제

1. 성 삼위 중 셋째 위에 계신 분이 누구신가?

2. 오순절의 성령은 예수님 승천 후 며칠 만에 오셨는가?

3. 죄를 깨닫게 하시는 분은 누구신가?

4. 성령은 우리 마음을 어떤 방면으로 변화시키시는가?

5. 우리에게 구원의 진리를 깨닫게 하는 분은 누구신가?

6. 성령께서 주시는 세 가지 은혜는 무엇인가?

7. 성령께서 좌정하시는 곳은 어디인가?

8. 성령 충만의 비결이 무엇인가?

9. 성령 받은 증거는 몇 가지인가?

10. 성령을 받으면 자신이 어떤 자임을 깨닫게 되는가?

11. 성령을 받으면 예수를 누구로 알게 되는가?

12. 성령을 받으면 하나님을 무엇이라 부르는가?

13. 성령을 받으면 성경에 대한 태도는 어떠한가?

14. 성령 받으면 마음 가운데 무엇이 넘치는가?

15. 성령의 아홉 가지 열매가 기록된 성경구절을 말하시오.

16. 성령의 아홉 가지 열매를 말하시오.

## ❖ 성경에 대한 상식

- 기록된 언어 / 구약-히브리어, 신약-헬라어
- 책 수 / 66권(구약-39권, 신약-27권)
- 장 수 / 1,189장(구약-929장, 신약-260장)
- 절 수 / 31,173절(구약-23,214절, 신약-7,959절)
- 글자 수 / (영문)3,566,490자
  (구약-2,728,110자, 신약-838,380자)
- 저자 / 34명 혹은 35명(구약-26명, 신약-8명 또는 9명으로 보는 사람도 있다.)
- 기록한 연대 / 1,600년 동안(구약-1,500년 동안, 신약-100년 동안)
- 한가운데 책 / 구약-잠언, 신약-데살로니가후서
- 한가운데 장 / 시 117편(구약-욥 29장, 신약은 짝수이므로 없다.)
- 한가운데 절 / 시 118:18(구약-대하 20:17, 신약-행 17:17)
- 가장 긴 책 / 시편(구약-시편, 신약-사도행전)
- 가장 짧은 책 / 요한이서(구약-오바댜, 신약-요한이서)
- 가장 긴 장 / 시 119편(구약-시 119편, 신약-마 26장)
- 가장 짧은 장 / 시 117편(구약-시 117편, 신약-계 15장)
- 가장 긴 절 / 에 8:9(구약-에 8:9, 신약-고후 12:20)
- 가장 짧은 절 / 출 20:13,14 (구약-출 20:13, 14, 신약-살전 5:16)

# 4. 사람에 대하여

## 1. 사람은 어떻게 있게 되었는가?

 (1) 어떤 사람은 인간이 자연히 있게 된 것이라고 알고 있습니다.

 인간이 자연히 있게 된 것이라고 알고 있는 이들도 있으나, 만물의 영장인 인간이 자연히 생겼다는 것은 성립될 수 없는 이론입니다.

 (2) 어떤 사람은 미생물에서 진화되었다고 주장합니다.

 이 또한 많은 학자들이 반대합니다. 그 이유는 인간이 미생물에서 진화되었다고 할 만한 명백한 증거가 없고, 또 인류 역사상 진화 도상에 있는 미완성 인간이나 준 인간이 존재한 역사가 없기 때문입니다.

 (3) 성경은 하나님께서 창조하셨다고 가르치고 있습니다.

 인류의 시조 첫째 사람의 이름은 '아담'인데, 그 뜻은 '사람'이라는 것입니다.

  ① 인간을 창조하실 때 성 삼위께서 합의하시고 창조하셨습니다. 창세기 1:26의 "우리의 형상을 따라 우리의 모양대로 우리가 사람을 만들고"라는 말씀이 그런 뜻입니다.
  ② 모든 동물과는 달리 육체와 영혼을 창조하여 결합시켜 주셨습니다. 우리 육체의 자료는 흙이요, 영혼은 하나님의 형상입니다(창 2:7). 그러므로 땅에 살면서 하나님과 교제할 수 있습니다.
  ③ 생육하고 번성하도록 창조하셨습니다. 남자와 여자를 지으시고 그들을 결합시켜 가정을 이루게 하시고 생육

하고 번성하는 능을 주셨습니다(창 1:28, 2:22~25).

## 2. 사람의 본분은 무엇인가?

만물에 그 존재하는 본분과 목적이 있습니다. 하나님의 특수 창조로 된 인간에게는 더욱 중요한 본분이 있습니다. 그것을 간단하게 표현한다면 만물을 정복하고 지배하는 위치에서 하나님을 영화롭게 하는 것입니다.

고린도전서 10:31에 "그런즉 너희가 먹든지 마시든지 무엇을 하든지 다 하나님의 영광을 위하여 하라"고 했고, 전도서 12:13에는 "하나님을 경외하고 그의 명령들을 지킬지어다 이것이 모든 사람의 본분이니라"고 했습니다.

하나님께서 인간에게만 자기 형상을 주신 것은 하나님과 친근히 살면서 영광 돌리고 진심으로 공경하고 순종하여 복을 받게 하시기 위함입니다.

## 3. 사람은 왜 불행하게 되었는가?

땅에 사는 사람 치고 괴로움, 어려움, 슬픔, 두려움을 당하지 않는 사람이 없고, 부상당하고 실패하고 병들고 노쇠하고 죽는, 이 모든 불행을 면하는 사람이 없습니다. 왜 그럴까요?

### 1) 아담의 범죄 때문입니다.
억만 인류가 불행하게 되는 것은 인간의 시조 아담이 범죄하여 타락했기 때문입니다.
 (1) 아담은 인류의 대표자로 범죄했습니다.

그는 인류의 조상입니다. 그는 그의 후손의 대표자이므로 그의 성공과 실패는 그 후손에게 미치는 것입니다. 그러므로 만민이 그의 타락의 영향을 받은 것입니다.

(2) 아담은 하나님의 명령을 범했습니다(창 3:1~7).

에덴동산에서 선악을 알게 하는 나무의 과실은 따먹지 말라고 하나님께서 명령하셨는데, 마귀의 미혹을 받아 따먹음으로써 범죄하여 타락하게 된 것입니다.

(3) 아담과 하와는 에덴동산에서 쫓겨났습니다(창 3:24).

여기서 인류의 불행은 시작된 것입니다.

① 하나님을 두려워하게 되었습니다(창 3:8).
② 해산하는 고통과 수고를 하게 되었습니다(창 3:16).
③ 땅이 저주를 받았습니다(창 3:17).
④ 먹고 살기 위하여 종신토록 수고해야 하고 땀을 흘리게 되었습니다(창 3:17~19).
⑤ 죽어서 흙으로 돌아가게 되었습니다(창 3:19).
⑥ 형제간에 분한 마음을 갖게 되었습니다(창 4:6).
⑦ 살인하게 되었습니다(창 4:8).

## 2) 아담의 범죄는 그 후손에게 큰 영향을 끼쳤습니다.

(1) 그의 죄가 그 후손에게 유전되어 왔습니다.

지구상의 모든 인류는 아담의 혈통으로 번성되었습니다. 그런데 그 혈통을 따라 죄성(罪性)이 유전됨으로 아담의 죄악은 모든 인류에게 물들어 있습니다(롬 5:12).

(2) 모든 인간에게는 두 가지 죄가 있습니다.

① 원죄-아담을 위시하여 조상 대대로 전하여 내려온 죄성입니다.
② 자범죄(본죄)-유전된 죄성을 가지고 자신이 범한 죄악

입니다. 그러므로 지상(地上)에 죄 없는 자는 하나도 없습니다(롬 3:9~10).

성경은 스스로 죄 없다는 자를 거짓말쟁이라고 했고(요일 1:8), 만일 죄를 범치 아니했다 하면 하나님을 거짓말쟁이로 만드는 일이라고 했습니다(요일 1:10).

(3) 죄악은 반드시 무서운 대가를 치러야 합니다.

죄를 범하면 반드시 벌이 따라오는 것입니다. 자녀가 부모에게, 군인이 상관에게, 국민이 국가에 죄를 지으면 반드시 해당한 벌을 각각 받는 것입니다. 하물며 하나님께 범죄하고 어떻게 벌을 받지 않을 수 있겠습니까? 그러므로 죄인은,

① 하나님의 영광의 나라에 들어가지 못합니다(롬 3:23).
② 하나님의 진노의 형벌을 받습니다(요 3:36).
③ 심판과 멸망을 받습니다(롬 2:6~10).

죄인이 심판 받아 들어가는 곳을 지옥 불못이라고 했습니다(눅 16:24, 계 14:10). 그 불은 세세토록 붙는 불이며, 그 불 속에서 영원토록 고통을 당하게 된다고 했습니다(마 25:41, 46). 거기는 죽을 수도 없는 곳이라고 했습니다(막 9:48). 그러므로 죄 값으로 받는 멸망의 고통이 얼마나 무서운 것인가를 알 수 있습니다.

## 4. 죄악을 해결하는 방법은 무엇인가?

(1) 인력으로는 해결할 수 없습니다.
① 사람의 선행이나 수양이나 공적으로 해결할 수 없습니다.

바울 사도는 "율법의 행위로 그의 앞에 의롭다 하심을 얻

을 육체가 없나니"(롬 3:20, 갈 2:16)라고 했습니다. 그 이유는 인간에게 연약성과 죄성이 있기 때문에 불가능하다는 것입니다.

② 인간 중에 죄를 용서해 줄 자는 아무도 없습니다.

모든 인간은 죄인이기 때문에 죄를 용서해 줄 자가 없습니다. 그러므로 자기 죄 때문에 남의 죄를 책임질 수도 없고 또 용서해 줄 권한도 없습니다.

(2) 인간들의 죄는 예수님만이 용서해 주십니다.

예수께서 "인자가 땅에서 죄를 사하는 권세가 있는 줄을 너희로 알게 하려 하노라"(막 2:10)고 선포하셨습니다. 이 말씀은 예수께서 하나님께로부터 사죄의 권한을 받아 가지고 오셨기에 말씀하신 것입니다(마 28:18).

그러므로 누구든지 예수님께로 나아와 그를 믿기만 하면 죄 문제를 깨끗이 해결할 수 있습니다.

(3) 예수 그리스도를 믿는 믿음으로 해결됩니다.

우리의 죄는 예수 그리스도를 믿는 믿음으로 깨끗하게 용서 받게 되는 것입니다.

① 예수 그리스도를 믿지 아니하면 죄가 해결되지 않는다고 하셨습니다. 예수께서 "너희가 만일 내가 그인 줄 믿지 아니하면 너희 죄 가운데서 죽으리라"(요 8:24)고 말씀하셨습니다.

② 예수를 믿기만 하면 죄 사함을 받는다고 하셨습니다. 사도행전 10:43에 "그를 믿는 사람들이 다 그의 이름을 힘입어 죄 사함을 받는다 하였느니라"고 말했습니다.

예수님 옆에서 십자가에 달려 죽게 된 강도는 죽기 전 잘못을 뉘우치고 예수를 믿었습니다. 그러므로 그는 예수님께 용서 받았으며 "오늘 네가 나와 함께 낙원에 있으리라"는 구원의 허락까지 받았습니다(눅 23:39~43). 죄를 해결하는 유일의 길은 예수를 믿는 그것뿐입니다.

## ❖ 복습문제

1. 사람이 자연히 있게 된 것이라는 말을 옳다고 할 수 있는가?

2. 사람은 진화로 된 것이라는 설을 믿을 수 있는가?

3. 성경은 사람이 어떻게 있게 되었다고 가르치는가?

4. 아담이란 이름의 뜻은 무엇인가?

5. 인간을 창조하시고자 할 때에 성 삼위께서 하신 일은 무엇인가?

6. 사람이 동물과 다르게 창조된 점은 무엇인가?

7. 사람의 본분은 무엇인가?

8. 고린도전서 10:31을 암송하시오.

9. 사람은 왜 불행하게 되었는가?

10. 인류의 시조이자 대표자는 누구인가?

11. 아담이 하나님의 어떤 명령을 범했는가?

12. 아담과 하와가 하나님께로부터 쫓겨난 곳은 어디인가?

13. 아담과 하와의 범죄 결과로 인한 인생고를 말하시오.

14. 아담의 범죄가 그 후손에게 어떤 영향을 끼쳤는가?

15. 모든 인간에게 있는 두 가지 죄는 무엇인가?

16. 범죄한 뒤에 따라오는 것은 무엇인가?

17. 죄를 인간적인 힘으로 해결할 수 있는가?

18. 인간 중에 죄를 사할 자가 있는가?

19. 사람의 죄를 사해 주실 권한을 가지고 오신 분은 누구인가?

20. 우리의 죄를 깨끗하게 용서 받을 수 있는 유일의 길은 무엇인가?

## 5. 구원에 대하여

### 1. 구원의 뜻

구원은 '건져낸다'는 뜻입니다. 인간들은 누구나 허물과 죄로 말미암아 저주를 받았고, 영혼이 죽어 있고, 육신도 장차 죽을 것입니다(엡 2:1). 그러므로 하나님께 대하여 아무것도 하지 못하며 순종도 못하고 섬기지도 못하고 악마에게 사로잡혀 종노릇을 하고 있습니다. 구원이란, 이러한 불행에 빠진 인간을 건져내어 새생명을 주고, 영원히 자유롭게 살게 하는 하나님의 은혜와 사랑의 역사입니다(롬 8:2).

### 2. 하나님의 구원 계획

하나님께서는 개인개인을 구원하시고자 미리 정하시고, 그 계획에 따라 순서대로 진행하십니다. 선택, 소명, 중생, 신앙, 회개, 칭의, 양자, 성화, 견인, 영화 등의 순서로 구원하십니다.

### 3. 구원 받는 방법

(1) 오직 예수 그리스도로 말미암아 구원을 얻습니다(살전 5:9).
(2) 복음을 듣고 믿음으로 구원을 얻습니다(엡 1:13).
(3) 구원은 순전히 하나님의 은혜로 얻는 것입니다(엡 2:8).

## ❖ 복습문제

1. 구원의 뜻은 무엇인가?

2. 하나님의 구원 계획을 말하시오.

3. 구원을 얻는 방법에 대하여 다음 물음에 대답하시오.

   1) 누구로 인하여 구원을 받는가?

   2) 무엇을 듣고 믿음으로 구원을 얻는가?

   3) 구원은 누구로부터 받는 은혜인가?


## ❖ '아멘'의 뜻

'아멘'이란 말은 히브리어의 '확증한다.', '확인한다.'의 부사로서 '진실로, 확실히, 신뢰할 수 있게' 등의 뜻을 가진다.
구약에 보면 동의어로 사용되었고(민 5:16~22), 하나님을 찬송할 때 그 화답으로 사용되기도 했다(시 106:48).
한마디로 말하면 '그대로 이루어지기를 바랍니다.'의 뜻으로 사용된다. 기도 후에는 반드시 '아멘'으로 끝난다.

# 6. 믿음에 대하여

## 1. 믿음의 대상은 누구인가?

(1) 못 믿을 것을 믿어서는 안 됩니다.
 사람이 허무한 것을 믿거나, 거짓된 것을 믿거나, 허약한 것을 믿는다면 그는 큰 손해를 보게 될 것이요, 결국은 실패할 것입니다(사 2:20~22).
(2) 신앙의 대상은 하나님이십니다.
 예수께서는 "하나님을 믿으니 또 나를 믿으라"(요 14:1)고 하셨습니다. 성 삼위 하나님 외에는 모두 참되지도 못하고, 영원하지도 못하며, 완전하지도 못합니다.
 인간이 자기보다 못한 만물을 의지하거나 믿는 것은 어리석은 일입니다. 인간 이상은 하나님뿐입니다. 전능하신 하나님 외에 아무것도 믿을 수 없습니다.

## 2. 믿음의 출처는 어디인가?

 믿음은 사람이 자기 마음으로 만들어 갖는 것이 아닙니다. 선행으로 마련하거나 연구하여 갖는 것도 역시 아닙니다.

(1) 믿음은 하나님의 선물입니다(엡 2:8).
 가장 귀한 선물인데, 하나님께서 구원하시기로 미리 택하여 놓으신 자들에게 주시는 것입니다.
(2) 성경 말씀과 성령의 감동으로 주십니다.
 하나님께서 믿음을 성경 말씀과 성령의 감동하시는 역사

를 통하여 주십니다(롬 10:17, 고전 12:9). 성경 말씀을 읽거나 들을 때 성령께서 마음을 열어 주시며, 밝게 하여 진리를 깨닫게 해 주시는데, 이때 믿음까지 주시는 것입니다.

## 3. 믿음의 실제는 무엇인가?

믿음은 대상을 생각만 하는 것이나, 대상에 관한 관념만을 가지는 것이나, 믿는다는 관심만을 가지는 그런 것이 아닙니다. 참 믿음은 나와 믿음의 대상(하나님)과 깊은 관계가 맺어져야 합니다.

(1) 믿음은 먼저 마음을 열고 예수님을 영접하는 것입니다 (요 1:12).
(2) 그 다음은 자신을 예수님께 맡기는 것입니다.
참 믿음은 예수님을 영접하고 나를 의탁하는 일로 연합 일체를 이루는 것입니다(요 17:21, 계 3:20).
나무의 접목 원리와 마찬가지로, 우리가 예수님께 접붙여짐으로 그의 생명을 얻게 되고 의를 얻어 하나님 앞에 설 수 있게 되는 것입니다.

## 4. 믿음을 가짐으로 얻는 것은 무엇인가?

다른 것으로는 얻지 못하는 최고의 귀한 것을 믿음으로써만 얻게 됩니다. 그 귀한 것은 다음과 같습니다.

(1) 죄사함을 얻습니다(행 10:43)
(2) 하나님께 의롭다 함을 얻습니다(롬 3:22~30).

(3) 하나님의 자녀가 되는 권세를 얻습니다(요 1:12, 갈 3:26).
(4) 구원을 얻습니다(막 16:16).
(5) 성령의 은사를 받습니다(갈 3:14, 엡 1:13).
(6) 영생을 얻습니다(요 3:36, 5:24).
(7) 천국의 안식을 얻습니다(요 14:1~3, 히 4:3).

## 5. 믿음의 표준은 무엇인가?

자기 뜻대로 믿거나, 믿고 싶은 대로 믿는 것이 아니라 성경 말씀대로 믿어야 합니다(요 20:31). 디모데후서 3:15에 "성경은 능히 너로 하여금 그리스도 예수 안에 있는 믿음으로 말미암아 구원에 이르는 지혜가 있게 하느니라"고 했습니다.

## ❖ 복습문제

1. 못 믿을 것을 믿는 사람에게 어떤 결과가 주어지나?

2. 신앙의 대상은 누구인가?

3. 믿음은 누가 우리에게 주신 선물인가?

4. 하나님께서 무엇을 통하여 믿음을 주시는가?

5. 어떻게 하는 것이 믿는 것인가?

6. 예수님을 모시려면 무엇을 열어야 되는가?

7. 죄는 무엇을 가짐으로 사함을 받는가?

8. 우리가 무엇으로 의롭다 함을 받는가?

9. 우리가 어떻게 함으로 하나님의 자녀가 되는가?

10. 무엇을 가져야 구원을 얻는가?

11. 성령의 은사는 무엇으로 받는가?

12. 영생 얻는 방법은 무엇인가?

13. 천국 안식은 무엇을 가져야 얻는가?

14. 믿음의 표준은 무엇인가?

# 7. 성경에 대하여

## 1. 성경은 어떤 책인가?

### 1) 하나님의 말씀을 기록한 책입니다.

디모데후서 3:16에 "모든 성경은 하나님의 감동으로 된 것으로"라고 했습니다. 성경은 어떤 사람의 뜻이나 계획을 기록한 것이 아니고 하나님의 뜻과 계획과 하신 일과 명하신 교훈을 성령의 감동으로 기록한 것입니다. 그러므로 잘못된 것이 없고 변하지도 않고 세상 끝날까지 믿고 지킬 진리입니다.

### 2) 성경이 하나님의 말씀인 증거

(1) 외증
 ① 성경이 통일되어 있습니다. 내용이 서로 충돌되는 것이 없습니다.
 ② 예언이 모두 성취되고 있습니다. 하나님이 장차 이루실 일을 미리 말씀하셨기 때문입니다.
 ③ 많은 성도들이 믿고서 진리임을 고백합니다.

(2) 내증
 ① 성경 자체가 '영감'으로 기록된 것이라고 증거합니다(출 17:14, 사 8:1, 겔 24:1).
 ② 성경 기자들이 영감으로 기록된 것을 말합니다(사 34:16, 딤후 3:16).
 ③ 예수께서 성경을 하나님의 말씀이라고 증거하셨습니다(요 5:39, 10:35).

## 2. 성경 기록 연대와 기자

1) 연대

주전 1500년~주후 100년까지, 약 1600년 간.

2) 저자

(1) 구약 39권은 선지자 28명.
(2) 신약 27권은 사도 8명.

성경은 신구약 합해서 66권이고, 선지자와 사도 36명이 기록했습니다.

## 3. 성경의 중심 사상

성경의 중심 사상은 예수 그리스도의 속죄입니다. 성경은 첫 권부터 마지막 책까지 예수께서 죄에 빠진 인간을 피 흘려 구원하시는 진리가 중심적으로 연결되어 있습니다.

구약은 그것을 그림자로 보여 주면서 약속하신 말씀이요, 신약은 그것을 성취하신 것을 기록한 것입니다.

## 4. 성경을 기록한 목적

1) 구원의 도리를 알게 하기 위함입니다.

성경은 구세주와 구원의 길을 알려 주는 책입니다. 이 성경 말씀을 인간들에게 주시는 목적은 이 말씀을 읽고 들어 그리스도를 구주로 믿어 영생을 얻게 하려는 것입니다(요 20:31).

## 2) 신자의 생활 원리를 알게 하기 위함입니다.

하나님께서 인간에게 하나님과 사람에게 어떻게 행할 것인지에 대한 그 도덕을 알려 참되게 살도록 하기 위하여 성경을 주신 것입니다(딤후 3:16).

## 5. 성경에 대한 우리의 태도

읽고 배우며, 믿으며, 지키며, 전할 것입니다.

### 1) 성경을 읽고 배우는 태도
 (1) 순종할 마음으로 읽고 배워야 합니다.
 (2) 성령께서 깨닫게 하여 주심을 바라면서 읽고 배워야 합니다.

그렇게 하면 마음을 밝게 하여 주시고 깨닫게 하여 주십니다(시 119:18).
 (3) 날마다 읽고 배워야 합니다(신 17:19).

우리 육신이 식사를 날마다 하지 않으면 안 되는 것처럼, 생명의 양식이 되는 하나님의 말씀을 날마다 계속 먹지 않으면 우리 영혼이 자라지도 않고 허약해집니다. 그러므로 날마다 성경을 읽어야 합니다(마 4:4).

### 2) 그대로 믿어야 합니다.

성경에는 잘못 기록된 것이 없습니다. 그러므로 그대로 믿어야 합니다. 성경 말씀을 하나님이 주신 진리의 말씀으로 믿으면 다음과 같은 은혜를 받습니다.
 (1) 그 말씀이 우리 심령 내부에서 역사합니다(살전 2:13).

감동 감화의 역사로써 우리 심령을 변화시키고 자라나게

합니다.
 (2) 구원 받는 지혜를 얻습니다(딤후 3:15~17).
 구원의 확신을 얻어 남에게 가르치고 증거할 수 있게 됩니다.

### 3) 그대로 지켜야 합니다.
 성경에 기록된 하나님의 명령은 두 가지인데, 첫째는 '하라'요 둘째는 '하지 말라'입니다. 이 명령대로 철저히 행하면 다음과 같은 은혜를 받습니다.
 (1) 믿음이 견고해집니다(마 7:24).
 (2) 천국에 가지고 갈 영원한 소유를 장만하게 됩니다(시 119:56).

### 4) 다른 사람에게 전해야 합니다.
 불신자에게 전하는 것은 그들로 듣고 믿어 구원을 얻게 하기 위함입니다(롬 10:14~17). 그러므로 예수께서 땅 끝까지 다니며 전도하라고 하신 것입니다(행 1:8).

### ❖ 복습문제

1. 하나님의 말씀이 수록되어 있는 책은 무엇인가?

2. 성경은 누구의 감동으로 기록되었는가?

3. 성경 중에 서로 충돌되는 것이 있는가?

4. 성경에 기록된 예언이 왜 모두 이루어지고 있는가?

5. 성경에서는 성경이 어떻게 기록된 것이라고 증거하고 있는가?

6. 성경 기자들은 성경을 어떻게 기록하였는가?

7. 예수님은 성경을 누구의 말씀이라고 하셨는가?

8. 성경이 기록된 연대를 말하시오.

9. 신구약 성경은 모두 몇 권이며 저자는 몇 명인가?

10. 성경의 중심 사상은 무엇인가?

11. 구약은 그 중심 사상을 어떻게 보여 주며, 신약은 어떻게 보여 주는가?

12. 구원을 얻는 도리를 무엇으로 알 수 있는가?

13. 성경에 대하여 우리가 어떠한 태도를 가져야 하는가?

14. 어떠한 마음으로 성경을 읽고 배워야 하는가?

15. 성경을 읽고 배울 때 먼저 성령께 구할 것은 무엇인가?

16. 성경을 날마다 읽어야 할 이유는 무엇인가?

17. 성경에 잘못된 기록이나 거짓이 있는가?

18. 성경을 그대로 믿으면 우리 심령 내부에 무슨 일이 생기는가?

19. 성경을 그대로 믿으면 무엇을 얻을 수 있는가?

20. 성경에 있는 두 가지 명령은 무엇인가?

21. 성경에 기록된 명령을 지키면 무엇이 견고해지는가?

22. 성경에 기록된 명령을 지키는 일이 무엇을 장만하는 일인가?

23. 성경 말씀을 누구에게 전해야 하는가?

24. 예수께서 이 말씀을 어디까지 전하라고 하셨는가?


### ❖ 그리스도를 본받는 삶

1. 그리스도의 발자취를 따라 순종하는 삶
2. 그리스도의 말씀을 항상 경청하는 삶
3. 그리스도와 더불어 연합하는 삶
4. 모든 것을 희생하고서라도 그리스도를 사랑하는 삶
5. 그리스도를 슬프게 하는 일을 언제든지 포기하는 삶
6. 그리스도를 위해 어떤 무거운 짐이라도 기쁘게 지는 삶

## 8. 교회에 대하여

### 1. 교회란 무엇인가?

교회란 건물이 아닙니다. 건물을 교회라고 하는 사람이 있으나 그것은 예배당 또는 교회당입니다. 교회는 예수님을 구주로 믿는 사람들과, 하나님께서 구원시켜 주신 사람들의 단체입니다(고전 1:2). 교회란 말의 뜻은 '불러 모았다.' 입니다.

### 2. 교회가 하는 일

1) 하나님께 예배드리는 일입니다(요 4:23~24).
아랫사람이 웃어른에게 경례하는 것이 당연한 것처럼 우리가 하나님의 자녀들이므로 함께 모여 예배하는 일은 매우 중요하고 당연한 일입니다.

2) 하나님의 말씀을 가르치는 일입니다(마 9:35, 딤전 4:13).
신자들은 하나님의 말씀을 배움으로 하나님의 뜻을 잘 알게 되고 믿음이 견고해지며 경건한 생활을 하며 심령이 자라납니다.

3) 성도들이 서로 교제하는 일입니다(행 2:42).
성도들은 그리스도의 사랑과 진리 안에서 서로 교제함으로 위로와 격려가 되고 새로운 힘을 얻게 됩니다.

4) 이웃에게 봉사하는 일입니다(벧전 4:10).

서로 도우며 섬기는 일과 어려운 처지에 있는 사람을 동정하고 협력하고 위로하며 구제하는 일을 합니다.

### 5) 복음 전하는 일을 합니다(마 28:19~20, 행 1:7~8).

예수님의 명령이요, 하나님의 원하시는 일이므로 교회는 국내 전도와 국외 선교를 힘쓰는 것입니다.

## 3. 교회 내에 어떤 직분이 있는가?

### 1) 교역자
 (1) 목사

 말씀 강론권, 당회장권, 축복권, 성례 집례권, 치리권 등을 가진 최고 직분(엡 4:11).

 (2) 부목사, 강도사, 전도사는 목사를 보조하는 임시 직원.

### 2) 장로(딛 1:5)
 (1) 치리회의 회원으로 목사에게 협력하는 자.
 (2) 행정과 권징을 관리하고 신령한 일을 살피는 자.
 (3) 교리를 오해하는 자가 있으면 이해시키고 도덕상 부패한 일을 방지하는 자.
 (4) 회개치 않는 자나 특별한 일이 있을 때 당회에 보고하는 직분.

### 3) 장립 집사(행 6:3~6)

남자로서 항존직인데 교회 내 각종 일을 맡아 봉사하고 특히 헌금 수납과 금전 정리하는 일과 구제에 관한 일을 합니다.

### 4) 권사

교역자를 도와 가난한 가정과 어려운 일을 만난 가정, 그리고 초신자를 심방하고 위로하며 전도하는 일을 하는 직분입니다. 장로교에서는 45세 이상 된 여자에게 주어지는 임시직이나 감리교, 성결교에서는 남녀 구별없이 피택됩니다(장로교 통합측에선 35세 이상의 여자에게 주어지는 항존직).

### 5) 서리 집사

장립 집사를 도와 교회를 관리하는 모든 일을 위하여 봉사하는 직분으로 1년 직입니다.

### 6) 권찰

구역 내 각 가정을 심방하고 위로하며, 새신사를 찾아 살피고 특별한 일이 있을 때 교회에 보고하는 직분입니다.

## 4. 교회 내에 어떤 회의가 있는가?

### 1) 공동의회(사무총회, 당회)

교회 내의 무흠 입교인 전체 회의로서, 당회가 필요한 때 한 주일 전에 광고하고 모여 당회가 제시한 안건을 결의합니다.

성결교에서는 이를 사무총회라 하고 감리교에서는 당회라고 하는데, 장로교의 당회와는 다른 것이므로 혼동해서는 안 됩니다.

## 2) 당회

목사, 장로로 구성되며 필요한 때 당회장이 소집하여 신령상 여러 가지 일을 처리합니다.

## 3) 제직회(직원회, 임원회)

회장은 시무하는 목사가 되며 개교회 교역자, 장로, 집사, 권사, 서리 집사로 구성되고 회장이 필요한 때 소집하여 교회 제반 일들을 토의합니다. 성결교에서는 직원회, 감리교에서는 임원회라고 합니다.

## ❖ 복습문제

1. 교회 건물인 예배당을 교회라 지칭함은 바른 표현인가?

2. 교회란 무엇인가?

3. 교회가 하는 일의 첫째는 무엇인가?

4. 교회에서 무엇을 가르쳐야 하는가?

5. 교회는 성도끼리 서로 어떻게 하는 곳인가?

6. 교회가 이웃에게 어떤 일을 해야 하는가?

7. 교회가 믿지 않는 이들에게 전해야 할 것은 무엇인가?

8. 어떤 직분들을 교역자라 하는가?

9. 장로가 하는 일은 무엇인가?

10. 장립 집사가 하는 일은 무엇인가?

11. 권사가 하는 일은 무엇인가?

12. 서리 집사가 하는 일은 무엇인가?

13. 권찰은 무슨 일을 하는 직분인가?

14. 공동의회 회원은 누가 되는가?

15. 누가 공동의회를 소집하는가?

16. 공동의회를 소집하기 한 주일 전에 할 일이 무엇인가?

17. 당회는 어떤 직분을 가진 자로 구성되는가?

18. 당회는 누가 소집하는가?

19. 제직회의 의장은 누가 되는가?

20. 제직회는 어떤 직분을 가진 자로 구성되는가?

# 9. 예배에 대하여

## 1. 예배란 말의 뜻

(1) 하나님 앞에 자신을 굽히다.
(2) 하나님 앞에 무릎 꿇고 엎드려 앞이마를 땅에 대다.
(3) 경의를 표하다.

## 2. 예배드리는 시간

(1) 주일 예배를 드려야 합니다.
 신약 교회가 설립되면서부터 이레 중 첫 날을 예배일로 삼고 모였습니다(행 20:7, 고전 16:2, 계 1:10). 그 날 하루를 거룩하게 지킨 것은 예수께서 부활하신 날이요, 성령께서 강림하신 날이기 때문입니다.
(2) 교회가 정한 시간에 모여 예배해야 합니다.
 삼일기도회(수요일), 새벽기도회, 구역예배(속회), 또 그 외에 특별한 때 모여 예배를 드리는데, 전 교우들은 이러한 공적 모임에 다 참석해야 합니다.

## 3. 예배드리는 장소

 구약 시대에는 성전이나 회당에 모였습니다. 그러나 신약 시대에는 예배당에 모이는 것을 원칙으로 하고, 그 외 교회가 정하는 장소에 모여 예배드립니다(요 4:24).

## 4. 예배드리는 목적

(1) 하나님께 영광을 돌리기 위함입니다.
(2) 은혜를 받아 믿음의 성장을 이루기 위함입니다.
(3) 다른 사람을 그리스도 앞으로 인도하기 위하여 예배합니다(고전 14:23~25).

## 5. 예배자의 태도

(1) 심신의 무릎을 꿇고 회개와 용서를 구하는 태도로 예배해야 합니다(시 95:6).
(2) 자기를 낮추어 겸손한 심정으로 땅에 엎드려 경배해야 합니다(욥 1:20).
(3) 존경과 감사하는 심정으로 예배해야 합니다.

## 6. 예배의 순서와 방법

예배의 순서는 교회마다 일정치 않으나 대략 다음과 같은 순서로 진행합니다.
(1) 묵상기도/눈을 감고 마음을 정돈하여 주님을 사모합니다(시 143:5).
(2) 찬송/하나님께 감사와 영광을 돌리는 노래입니다(시 107:1, 147:12).
(3) 신앙고백/사도신경을 낭송함으로 신앙을 고백합니다(마 16:16).
(4) 교독문/찬송가 뒤에 있는 교독문(성경말씀)을 사회자와 회중이 서로 화답합니다(엡 5:19).

(5) 기도/하나님께 감사와 영광, 자복, 소원을 아뢰는 간구로 진행되며, 예수의 이름으로 기도하고 '아멘'으로 마칩니다(빌 4:6).

(6) 성경봉독/설교할 본문 말씀을 사회자가 낭독합니다(느 8:8, 신 31:11).

(7) 찬양/세세에 찬양을 받으실 하나님께 찬양합니다(시 100:1~5).

(8) 설교/말씀을 풀이해서 선포합니다(신 1:5, 마 13:36).

(9) 헌금/주정헌금(월정헌금), 감사헌금, 십일조헌금 등을 드립니다(말 3:8~10, 마 23:23).

(10) 교회소식/교회와 교인들의 소식을 알립니다.

(11) 축도/성부와 성자와 성령의 이름으로 목사가 축복을 비는 기도입니다(고후 13:13).

## ❖ 복습문제

1. 예배란 말의 뜻은 무엇인가?

2. 주일날 모여 예배드리는 이유는 무엇인가?

3. 주일 외에 모여 예배하는 시간을 말하시오.

4. 어디에 모여 예배하는가?

5. 예배드리는 목적은 무엇인가?

6. 예배자의 태도가 어떠해야 되는지 말하시오.

# 10. 찬송에 대하여

## 1. 찬송의 뜻

  찬송은 하나님을 기쁘시게 하며 하나님께 영광 돌리기 위해 부르는 노래입니다. 구약 시대는 시편을 그대로 곡조에 맞추어 불렀으며, 그 밖에 부른 찬송이 성경 여러 군데 실려 있습니다.
  그리고 신약 교회 초기에는 그렇게 해 왔으나 근세에 이르러 하나님의 성덕을 노래로써 나타내어 하나님께 영광 돌리는 찬송을 지어 부르게 되었습니다. 이는 성경과 밀접한 관계를 가진 것입니다. 예수님도 성찬 예식 후 찬송을 부르셨습니다(마 26:30, 막 14:26).

## 2. 찬송의 효과

  찬송은 경건한 마음으로 부르는 이들에게 많은 유익을 줍니다. 찬송을 부를 때 성령께서 우리 심령에 역사하십니다. 그러므로 다음과 같은 유익을 얻습니다.
  (1) 감사와 기쁨을 충만케 합니다.
  (2) 심령을 밝게 하고 뜨겁게 합니다.
  (3) 신앙과 심령을 새롭게 하고 성장케 합니다.

## 3. 찬송은 어떻게 불러야 하는가?

(1) 경건한 마음과 감사한 마음으로 부릅니다(시 108:1~3, 골 3:16).
(2) 소리 높여 부릅니다(시 145:3).
(3) 악기 소리에 맞춰 부릅니다(대하 23:13, 시 150편).
(4) 때로는 손뼉을 치면서 부를 것입니다(시 47:1).
(5) 때로는 춤을 추면서 부를 것입니다(시 149:3, 150:4).


## ❖ 복습문제

1. 찬송은 누구를 기쁘시게 하려고 부르는 노래인가?

2. 구약 시대와 신약 시대 초기의 찬송은 무엇이었는가?

3. 찬송 부를 때 역사하는 이는 누구인가?

4. 찬송의 유익 세 가지가 무엇인가?

5. 찬송을 부르는 자는 어떤 마음으로 불러야 하는가?

6. 찬송을 부를 때 무슨 소리에 맞추어 불러야 하는가?

7. 특별한 때는 어떤 동작을 하면서 찬송을 부를 수 있는가?

# 11. 기도에 대하여

## 1. 기도는 어떤 것인가?

(1) 무선 통신과도 같은 것입니다.
 어느 시간이든지 우리가 기도하면 하나님께 상달되며 응답하여 주실 관계가 성립되어 있습니다.
(2) 하나님과의 대화라고도 합니다.
 하나님은 우리 아버지 되시고, 우리는 그의 자녀이므로 기도로 말씀을 드리는 것입니다.
(3) 신령한 호흡이라고도 합니다.
 우리 육체가 호흡함으로 살게 되는 것같이 신자는 기도함으로 심령이 살게 됩니다.

## 2. 왜 기도하는가?

(1) 하나님께 영광 돌리기 위하여
 우리가 기도할 때 하나님이 기뻐하시고(잠 15:8), 우리가 기도 중 은혜 받고, 응답 받음으로 하나님께 영광을 돌립니다(시 50:15, 요 14:13).
(2) 하나님의 도우심을 받기 위하여(히 4:16)
 우리는 하나님의 도우심이 없이는 살 수 없습니다. 그러므로 기도하는 자를 도우시는 하나님께 기도해야 합니다.
(3) 필요한 것을 받기 위하여
 예수께서 "구하라 그리하면 너희에게 주실 것이요 찾으라 그리하면 찾아낼 것이요 문을 두드리라 그리하면 너희에게

열릴 것이니"(마 7:7)라고 하셨습니다. 우리의 삶에는 필요한 것이 한두 가지가 아닙니다. 그것을 구하면 주시겠다고 하신 것입니다.

## 3. 어떻게 기도해야 하는가?

(1) 하나님께 기도해야 합니다.

마태복음 6:6에 "은밀한 중에 계신 네 아버지께 기도하라"고 하셨습니다. 하나님께서는 언제나 우리 기도를 들으십니다.

(2) 예수님의 이름으로 기도해야 합니다.

예수께서 "내 이름으로 기도하라"(요 14:13~14)고 하셨습니다. 예수님은 하나님과 우리 사이의 중보자가 되십니다(딤전 2:5). 우리 위하여 기도해 주시면서(히 7:25) 우리 기도가 이루어지도록 일하십니다.

(3) 하나님의 뜻대로 기도해야 합니다.

예수께서 겟세마네 동산에서 기도하실 때 "나의 원대로 마시옵고 아버지의 원대로 하옵소서"(마 26:39)라고 하셨습니다. 자기 사욕을 위하든지, 하나님의 뜻에 맞지 않는 기도는, 마치 어린아이가 불이나 칼을 달라는 것과 같으므로 이루어 주시지 않습니다.

(4) 믿음으로 기도해야 합니다.

야고보서에 "오직 믿음으로 구하고 조금도 의심하지 말라 의심하는 자는 마치 바람에 밀려 요동하는 바다 물결 같으니 이런 사람은 무엇이든지 주께 얻기를 생각하지 말라 두 마음을 품어 모든 일에 정함이 없는 자로다"(약 1:6~8)라고 했습니다.

하나님께서는 믿음으로 하는 기도만 받으시고 이루어 주

십니다(마 21:22).

## 4. 기도의 응답은 어떻게 오는가?

(1) 시급한 문제는 시급히 응답하십니다(출 15:22~25).
(2) 기도한 지 오랜 후에 이루어 주시기도 합니다. 이런 일이 있기 때문에 예수께서 기도하다가 낙심하지 말고 계속하라고 말씀하셨습니다(눅 18:1).
(3) 구한 대로 주시지 않고 다른 방법으로 응답해 주시는 일도 있습니다.

사도 바울은 자기 병을 위하여 기도했으나 하나님께서는 병 그것이 내가 준 은혜라고 응답하셨습니다(고후 12:8~9).

## 5. 기도생활은 어떻게 해야 하는가?

(1) 생활 자체가 기도의 연속이어야 합니다.
"쉬지 말고 기도하라"(살전 5:17)고 했습니다. 이는 기도의 생활화를 말한 것입니다.
무슨 일이든지 기도로 시작하고, 기도로 진행하며, 기도로 끝마쳐야 합니다.
(2) 공동기도생활을 힘써야 합니다.
예배 때마다 성도들과 함께 기도하고, 특히 새벽에 나와서 기도하기를 힘써야 합니다(시 5:3, 88:13).
예수님께서도 늘 새벽에 기도하셨습니다(막 1:35).
(3) 특별기도 시간을 가질 것입니다.
개인적으로 성전에서 또는 산에서 철야기도하고 시간을 정하여 기도하는 일을 힘써야 할 것입니다. 예수께서도 종종 그런 생활을 하셨습니다(마 14:23, 26:36~39).
 (4) 매사에 기도해야 합니다.
  ① 아침에 잠에서 깰 때 침상에서 기도해야 합니다.
  ② 매끼 식사 때마다 간식을 먹을 때마다 기도해야 합니다.
  ③ 하루의 일과를 마치고 침소에 들 때 기도해야 합니다.
  ④ 남의 가정이나 직장을 방문하여 대화하기 전에 기도해야 합니다.
  ⑤ 다른 이로부터 선물을 받았을 때 기도해야 합니다.
  ⑥ 그 밖에 특별한 일이 있을 때마다 기도해야 할 것입니다.


## ❖ 복습문제

1. 우리의 신앙생활에 무선 통신과 같은 것이 무엇인가?

2. 우리가 하나님과 대화하는 통로는 무엇인가?

3. 심령의 호흡은 무엇을 말하는가?

4. 우리가 기도하면 누가 영광을 받으시는가?

5. 우리가 하나님의 도움을 받으려면 무엇을 해야 하는가?

6. 하나님은 우리의 필요한 것을 어떻게 해야 주시는가?

7. 기도는 누구에게 해야 하는가?

8. 기도는 누구의 이름으로 해야 하는가?

9. 기도는 누구의 뜻에 맞게 해야 하는가?

10. 의심하면서 기도하면 어떻게 되는가?

11. 하나님께서 시급히 응답해 주시는 일은 무엇인가?

12. 기도하다가 왜 낙심하는가?

13. 하나님은 우리가 기도한 대로 응답해 주시는가?

14. 공동기도생활이란 무엇인가?

15. 특별기도생활을 가진다는 것은 무엇을 의미하는 것인가?

16. 기도를 해야 하는 때는 언제인가?

# 12. 헌금에 대하여

## 1. 헌금의 뜻

(1) 자기 보물을 하늘에 저축하는 것입니다(마 6:20).
(2) 하나님께로부터 받은 것을 하나님께 드리는 것입니다 (마 22:21).
(3) 받은 은혜에 대한 감사의 표시입니다(신 16:15~17).
(4) 하나님을 기쁘시게 하는 신앙의 척도입니다(고후 9:7).
(5) 주의 사업에 참여하는 것입니다(고후 8:4).

## 2. 헌금할 때의 마음

하나님께 드리는 예물이므로 다음과 같은 아름다운 마음으로 드려야 합니다.
(1) 믿는 마음으로 드려야 합니다.
(2) 감사하는 마음으로 드려야 합니다.
(3) 은혜에 보답하는 심정으로 드려야 합니다.
(4) 헌신하는 표시로 드려야 합니다.

## 3. 헌금을 해야 할 이유

(1) 하나님이 명령하셨기 때문입니다(레 27:30, 사 66:20).
(2) 예수님이 명령하셨기 때문입니다(마 23:23).
(3) 성령께서 권유하셨기 때문입니다(행 2:44).
(4) 교회가 요구하기 때문입니다(행 4:32).

(5) 성도의 본분이기 때문입니다(눅 8:3).

## 4. 헌금을 교회가 어떻게 사용하는가?

(1) 복음을 전하는 데 사용합니다.
(2) 성도들의 신앙을 자라나게 하는 데 사용합니다.
(3) 교회 교육에 사용합니다.
(4) 구제금과 위문금으로 사용합니다.
(5) 교역자 생활비와 그 외에 인건비로 사용합니다.
(6) 교회의 각종 시설비 및 확장 수리비로 사용합니다.
(7) 상회 상납금으로 보내기도 합니다.

## 5. 헌금의 종류

(1) 주일헌금/매 주일 낮 예배 시에 드리는 헌금.
(2) 감사헌금/받은 은혜를 감사하는 표시로 드리는 헌금.
(3) 십일조헌금/수입의 10분의 1을 하나님의 것으로 구별하여 드리는 헌금(말 3:10).
(4) 절기헌금/부활절, 맥추감사절, 추수감사절, 성탄절 등의 절기를 맞이할 때 드리는 헌금.
그 외에 교회가 결의하고 시행할 때 드립니다. 어느 헌금이든지 본인의 형편에 따라 자유로이 드립니다.

## 6. 헌금함으로 받는 복

하나님께서 정성 모아 헌금하는 성도에게 다음과 같이 약속하셨습니다.

(1) 하나님이 사랑하십니다(고후 9:7).
(2) 모든 은혜를 넉넉하게 해 주십니다(고후 9:8).
(3) 많이 거두게 해 주십니다(고후 9:6).
(4) 하늘 문을 열고 복을 넘치게 부어 주시겠다고 하셨습니다(말 3:10).
(5) 창고를 가득 채워 주십니다(잠 3:9~10).

## ❖ 복습문제

1. 헌금은 어디에 저축하는 것인가?

2. 헌금은 누구에게서 받은 것을 누구에게 드리는 것인가?

3. 헌금은 무엇에 대한 표시인가?

4. 헌금은 무엇의 척도인가?

5. 헌금은 어떤 심정으로 바쳐야 하는가?

6. 헌금하라고 누가 명령하셨는가?

7. 교회가 헌금을 어디에 사용하는가?

8. 헌금의 종류를 말해 보시오.

9. 자신의 수입을 하나님의 것으로 알고 수입의 10분의 1

을 구별하여 드리는 헌금의 종류는 무엇인가?

10. 헌금함으로 받는 복을 말해 보시오.


### ❖ 이런 때 다음의 성경을 읽으십시오.

1. 큰 고난을 당할 때 / 마 11:28~30
2. 고독과 두려움이 생길 때 / 사 41:8
3. 마음이 괴로움을 당할 때 / 욥 38장, 시 103편
4. 낙망 될 때 / 시 23편
5. 남에게 공격을 받을 때 / 요 15장
6. 일하다가 낙심 될 때 / 시 126편, 갈 6장
7. 사업에 실패했을 때 / 시 37편
8. 친구로부터 배신당했을 때 / 고전 13장
9. 일이 뜻대로 되지 않을 때 / 딤후 3장
10. 위기에 직면했을 때 / 시 46편
11. 질병으로 고통을 당할 때 / 시 91편
12. 상사를 당했을 때 / 고전 15장, 계 21장
13. 재물을 취급할 때 / 눅 19장
14. 마음의 열정이 식어갈 때 / 계 3장
15. 마음에 평화를 얻으려 할 때 / 요 14장
16. 신용을 잃어갈 때 / 고후 13장

# 13. 성례에 대하여

## 1. 성례의 종류

 교회의 성례에는 세례, 성찬 두 가지가 있습니다. 이 두 예식은 예수께서 세상 끝날 때까지 교회가 공적으로 거행하라고 명령하셨기 때문에 교회의 성례라고 합니다(마 28:19, 눅 22:19~20, 고전 11:23~26).

## 2. 세례란 무엇인가?

 세례는 성령(불) 세례와 물 세례가 있는데, 그 뜻은 다음과 같습니다.
 (1) 성령 세례
 성령으로 깨끗함과 새롭게 하여 주심을 받는 것인데, 믿을 때 성령이 임하사 거듭나 새사람으로 만드시는 그때 받는 것을 말하는 것입니다.
 (2) 물 세례
 그리스도를 믿어 죄 씻음을 받고 그리스도와 연합하여 하나님의 자녀가 되고 모든 은혜의 약속에 동참한 것을 인치고 표하는 것입니다. 그러므로 성령 세례 받은 사람이라야 물 세례를 받을 자격자가 되는 것입니다.

## 3. 유아 세례란 무엇인가?

 이는 만 2세 이하의 어린아이에게 베푸는 물 세례입니다.

세례 받은 부모가 자기 자녀를 신앙으로 양육할 책임을 지겠다고 서약할 때 만 2세 이하의 어린아이에게 세례를 베풀게 됩니다.

### 4. 세례의 양식

세례를 베푸는 양식은 교파에 따라 약간 다릅니다. 어떤 교파는 침례를 하고, 또 다른 교파는 목사가 성 삼위의 이름으로 물을 머리에 적시는 방법으로 세례를 베풉니다.

### 5. 성찬이란 무엇인가?

세례 받은 무흠 교인들이 떡과 포도즙을 먹고 마시는 예식입니다. 떡은 우리 죄를 위하여 십자가에서 몸을 찢으신 예수님의 죽으심을 기념하는 것이요, 포도즙은 예수께서 피 흘려 우리 죄를 속량해 주신 것을 기념하는 것입니다.

### 6. 왜 성찬 예식을 거행하는가?

예수께서 우리를 위하여 몸 버려 피 흘려 죽으심으로 우리가 속죄함을 입고 구원을 얻었습니다. 우리의 죄를 속해 주시기 위해 예수께서 피 흘려 죽으신 이 사실은 너무나 잊을 수 없는 은혜롭고 감격스러운 일이므로 이를 상징하는 물질을 직접 먹고 마시면서 기념할 필요가 있기 때문입니다.

### 7. 성찬 예식에 참여함으로써 얻는 것

(1) 참여하는 신자의 신앙이 성장합니다.
(2) 하나님의 은혜를 더 받으며 또 받은 은혜를 보존하는 유익을 얻게 됩니다.
(3) 그리스도에 대한 사랑이 더욱 견고해집니다.
(4) 경건 생활에 더욱 힘쓰게 됩니다.

## 8. 성찬에 참여하는 자의 마음가짐

(1) 자신의 부족과 죄를 회개하는 마음을 가져야 합니다.
(2) 다시는 죄를 범치 않겠다는 각오와 결심을 가져야 합니다.
(3) 주께서 나를 위해 죽으신 것을 감사해야 합니다.
(4) 자신을 주께 바치고자 뜻을 정해야 합니다.
(5) 예수 그리스도를 마음으로 믿어 심중에 영접해야 합니다.

## 9. 성례는 1년에 몇 번 거행하는가?

교회마다 동일하지는 않으나 보통 연 2회(춘추) 거행합니다.

## 10. 학습이란 무엇인가?

학습은 진리를 공부하기로 작정하는 절차로써 믿기로 작정하고 6개월 정도 지나서 간단하게 문답을 하고 받는 것입니다. 우리 한국 교회에만 있는 제도인데, 세례 받을 준비를 충실히 하기 위하여 세워진 것입니다. 학습 받은 지 6개월이 지나면 세례 문답을 하고 세례를 받습니다.

## ❖ 복습문제

1. 교회의 성례는 몇 가지인가?

2. 세례의 종류는 몇 가지인가?

3. 성령 세례는 언제 받는가?

4. 물 세례의 뜻은 무엇인가?

5. 물 세례를 받을 자격자는 어떤 사람인가?

6. 유아 세례란 무엇인가?

7. 세례를 베푸는 양식을 말하시오.

8. 성찬 예식에 무엇을 먹고 마시는가?

9. 성찬 예식의 떡은 무엇을 기념하는 것인가?

10. 성찬 예식의 포도즙은 무엇을 기념하는 것인가?

11. 왜 성찬 예식을 거행하는가?

12. 성찬 예식에 참여함으로써 얻는 것은 무엇인가?

13. 성찬에 참여할 때 가질 마음자세를 말하시오.

14. 학습이란 무엇인가?

15. 학습은 믿은 지 몇 개월 만에 받을 수 있는가?


## ❖ 교인의 구분

사람은 누구든지 예수를 믿으면 하나님의 자녀가 될 수 있다(요 1:12).

1. **원입교인** / 예수를 믿기로 작정하고 교회에 그 이름을 등록한 후 교회에 출석하여 믿음과 구원에 관한 것을 배우며 공동 예배에 참석하는 자.
2. **학습교인** / 원입교인으로 13세 이상 된 자로 교회에 출석한 지 6개월 이상 된 사람이 자원하여 당회 앞에서 신앙에 대한 학습 문답 후 허락을 얻어 서약한 자.
3. **입교인** / 부모님의 신앙에 의해 만 2세 전 유아 세례를 받은 자로, 만 15세 이상이 되어 부모의 신앙을 이어 받아 자기의 신앙을 고백하여 당회의 허락을 얻은 후 서약한 자.
4. **세례 교인** / 학습한 지 6개월 이상 된 자로 세례 받기를 원하여 당회 앞에서 문답한 후 허락을 얻어 세례를 받은 자.
5. **유아 세례교인** / 세례 교인의 자녀로서 만 2세 미만 된 자로 부모님의 신앙고백과 서약으로 세례 받은 자(부모 중 한 편만 믿어도 가능함.).

## 14. 주일에 대하여

### 1. 주일(안식일)은 어느 날인가?

구약 시대에 이스라엘 백성들은 율법 하에서 이레 중 마지막 날을 안식일로 지켰습니다. 그러나 신약 시대에 와서는 이레 중 첫날(일요일)을 주일로 지킵니다.

### 2. 왜 이레 중 첫날을 주일로 지키는가?

(1) 구약의 안식일은 신약의 안식일(주일)의 그림자요 모형이기 때문입니다.
(2) 주일은 예수님의 부활로 사단과 죽음의 권세가 파멸되고 이 날이 새로운 창조의 날이 되며, 온 세상에 새로운 소망을 주신 날이기 때문입니다.
(3) 주일은 성령 강림하신 날이기 때문입니다.
(4) 성경에 보면 신약 교회 설립 시초부터 주일을 지켜왔기 때문입니다(행 20:7, 고전 16:2, 계 1:10).

### 3. 주일을 어떻게 지켜야 하는가?

하나님께서 이스라엘 백성들에게 안식일을 거룩하게 지키라고 하신 그 원칙대로 이레 중 첫째 날을 하나님의 날로 구별하여 세상의 일을 멀리하고 거룩하게 지켜야 합니다.
이 날은 성도들이 함께 모여 예배를 드리고 성도들끼리 그리스도 안에서 교제하며 성경 공부, 가정 심방, 환자 위문,

구제, 전도, 기독교 서적을 읽는 일, 그 밖에 경건한 일을 해야 할 것입니다.

## 4. 주일을 지킴으로 얻는 유익(사 58:13~14)

(1) 육체의 건강을 얻습니다.

우리의 육체는 하나님의 선물이므로 소중히 보존해야 합니다. 과로는 병의 원인이 됩니다. 한 주간 일에 시달리던 육체가 노동을 쉬게 됨으로 피곤이 풀리고 새로운 힘을 얻게 됩니다.

(2) 정신상의 건강을 얻습니다.

정신적인 과로도 큰 해가 됩니다. 복잡하고 분주한 일에 동분서주하면서 신경을 씀으로 피로가 겹쳐 있으나 주일에 세상의 모든 일을 다 잊어버리고 쉼으로 회복되고 새로운 힘을 얻게 됩니다.

(3) 심령이 강건해집니다.

예배 시간에 주시는 말씀과 은혜로 심령이 뜨거워지고 새 힘을 얻습니다. 예배 시간은 하나님께 영광 돌리는 시간이며, 주시는 은혜와 보배를 받는 시간이므로 배부름을 얻고 시원함을 얻는 것입니다.

(4) 교회가 발전하고 생업이 축복을 받습니다.

주일을 잘 지킴으로 교회는 날로 부흥 발전하고, 은혜로운 교회가 되는 것입니다.

그리고 주일 성수를 함으로써 개인의 생업도 하나님의 축복을 받아 왕성하게 됩니다.

## ❖ 복습문제

1. 구약의 안식일은 이레 중 몇째 날인가?

2. 신약의 안식일(주일)은 이레 중 몇째 날인가?

3. 신약 안식일의 그림자요 모형은 무엇인가?

4. 예수께서 어느 날 부활하셨는가?

5. 성령께서 어느 날 강림하셨는가?

6. 신약 교회 설립 시초부터 한 주간의 어느 날을 안식일로 지켰는가?

7. 주일에 멀리해야 할 일은 무엇인가?

8. 주일에 어떤 일을 해야 하는가?

9. 주일을 지킴으로 얻는 유익은 무엇인가?

10. 주일을 잘 지키는 교회는 어떻게 되는가?

# 15. 전도에 대하여

## 1. 전도란 무엇인가?

믿지 않는 사람에게 '그리스도를 믿음으로 구원을 얻는다'는 복음을 전하는 것입니다.

## 2. 왜 전도를 해야 하는가?

(1) 예수께서 명령하셨기 때문입니다(막 16:15).
(2) 예수께서 전도하셨기 때문입니다(마 4:17). 예수님은 30세부터 3년 간 전도하셨습니다.
(3) 우리들의 의무이기 때문입니다(행 4:19~20, 롬 1:13~15, 고전 9:16). 바울은 자기가 전도하지 않으면 자신에게 화가 미칠 것이라고 말했습니다.
(4) 믿지 않는 사람을 그대로 두면 멸망하기 때문입니다(요 3:36, 8:24).

## 3. 전도를 어떻게 하는가?

(1) 인격 전도

신자는 불신자의 주목의 대상입니다. 불신자들은 신자들에게 아름답고 훌륭한 점이 있을 것을 기대합니다. 저들은 우리 신자들에게 불미스러운 언행이 없을 줄 알고 있습니다.

그런데 저들이 우리에게서 부덕스러운 사언행(思言行)을 발견한다면 저들은 기독교에 대하여 환멸을 느끼고 복음을 받지 않을 것입니다. 그러므로 아름답고 착한 사언행(思言行)으로 저들에게 감화를 주어야 합니다.

(2) 선행 전도

그리스도의 이름으로 사랑과 동정심을 가지고 병자를 찾아 위로하고, 외로운 자를 가까이 대해 주고 천대·멸시 받는 자의 친구가 되어 주고, 가난한 자를 구제하고, 어렵고 큰일을 만난 자를 살펴볼 때, 그들이 감동을 받아 그리스도 앞으로 돌아오게 되는 것입니다.

(3) 말씀 전파

하나님의 말씀을 직접 전하는 것입니다.

앞에 말한 '인격 전도'와 '선행 전도'를 가지고 구원의 진리를 전하고 믿도록 권하면 많은 사람이 그리스도를 믿게 될 것입니다.

## 4. 전도하는 데 갖추어야 할 것

(1) 기도 준비가 있어야 합니다(막 1:35).
(2) 말씀 준비가 있어야 합니다(벧전 3:15).
(3) 인내력과 적극성을 가져야 합니다.

## ❖ 복습문제

1. 전도란 무엇을 전하는 것인가?

2. 예수님의 전도하라는 최후 명령이 성경 어디에 기록되었는가?

3. 예수께서 30세부터 3년 동안 하신 일은 무엇인가?

4. 바울이 자기가 전도하지 않으면 자신에게 어떤 일이 생길 것이라고 했는가?

5. 불신자를 전도하지 않고 그대로 두면 그들이 어떻게 되는가?

6. 인격 전도란 무엇인가?

7. 선행 전도란 무엇인가?

8. 말씀 전파란 무엇인가?

9. 전도하는 데 갖추어야 할 3가지를 말하시오.

## 16. 헌신과 봉사에 대하여

### 1. 헌신과 봉사란 무엇인가?

우리가 하나님의 사랑과 은혜로 구원을 받았으니, 그 은혜를 감사하고 보답하는 마음으로 우리에게 있는 귀한 것을 바치며 그 뜻대로 일하는 것입니다.

### 2. 헌신과 봉사를 어떻게 하는가?

(1) 공적인 모임에 빠짐없이 참석하는 것입니다.

교회가 공적으로 모이는 시간을 정합니다. 또 교회 내에 있는 각 기관이 모이는 시간을 정하고, 모여서 교회를 위하여 일합니다. 이 모든 모임에 충실히 참석해야 합니다.

(2) 자기가 가진 자원을 드려 일하는 것입니다.

우리들이 가진 모든 것은 하나님이 주신 것입니다(고전 4:7). 이 모든 것을 달란트(은전의 명칭)라고 할 수 있습니다(마 25:14~30).

음악을 잘하는 사람, 글을 잘 쓰는 사람, 웅변을 잘하는 사람, 잘 가르치는 사람, 사무에 소질이 있는 사람, 외교·통솔·계획·시화 등 여러 가지 소질 그리고 우리의 건강, 물질 등 모든 것은 주님을 위하여 일하라고 주신 것입니다.

(3) 믿음과 사랑과 겸손을 가지고 일해야 합니다.

이런 것 없이 일하면 사욕에 치우치기 쉽고 분쟁과 멸시하는 시험에 들기 쉽습니다. 믿음과 사랑과 겸손한 마음으로 일하면 하나님께서 받으실 참된 헌신 봉사가 되고, 교회가 단합되고 자신이 은혜를 받게 됩니다.

### 3. 왜 헌신 봉사해야 하는가?

구원받은 성도들은 실상 예수 그리스도의 것입니다(고전 6:19~20). 왜냐하면 멸망받을 우리를 예수께서 생명을 버리시고 피값으로 사서 구원하셨기 때문에, 우리는 우리 것이 아니라 주의 것입니다. 그러므로 주님을 위하여 헌신하고 봉사하는 것입니다.


### ❖ 복습문제

1. 헌신 봉사란 무엇인가?

2. 헌신 봉사를 하는 데 있어 어떻게 해야 하는지 다음 물음에 답하시오.

  (1) 공적 모임에는 어떻게 해야 하는가?

  (2) 자기의 무엇을 바쳐 일해야 하는가?

  (3) 일할 때 가져야 할 세 가지 필수 요건은 무엇인가?

3. 왜 헌신 봉사해야 하는가?

# 17. 시험과 승리에 대하여

## 1. 성도들을 시험하는 자는 누구인가?

우리가 신앙생활을 하는 중 간혹 시험이 오는데, 그것은 마귀가 하는 것입니다(마 4:1, 요 13:2). 마귀가 시험하는 이유는 자기 부하로 있던 자가 자기에게서 떠나 예수를 믿음으로 그 사람을 잃게 되었기 때문에 분하여 시험합니다(벧전 5:8).

## 2. 어떤 방법으로 시험하는가?

 (1) 악한 친구를 이용하는 수가 있습니다(잠 1:10, 고전 15:33).
 (2) 물질이 궁핍할 때 물질로써 시험합니다(잠 30:9, 마 4:2~3).
 (3) 번영 그것이 흔히 시험의 도구가 되기도 합니다(잠 30:9, 마 4:8).
 (4) 세상 영광으로 시험하는 수도 있습니다(민 22:17, 단 4:30).
 (5) 하나님의 섭리를 의심나게 하는 것으로 시험합니다(마 4:3).
 (6) 우상 숭배하는 일로써 시험하기도 합니다(단 3:1~30, 마 4:9).

## 3. 마귀가 성도들을 시험하는 목적

마귀가 성도들을 시험하는 목적은 신자를 범죄케 하고 타락시켜 그리스도를 배반하고 믿음을 버리게 하고 자기를 따르게 하려는 것입니다. 다시 말하면 멸망시키려는 것입니다. 마귀는 사람들이 망하는 것을 기뻐하는 자입니다.

## 4. 하나님께서 시험을 이기게 하시는 방법

(1) 하나님은 감당할 수 없는 시험은 당하지 않게 해 주십니다(고전 10:13).
(2) 시험에서 피할 길을 주십니다(고전 10:13).
(3) 경건한 성도를 시험에서 능력으로 건져 주십니다(벧후 2:9).
(4) 믿음 가진 자를 이기게 해 주십니다(엡 6:16). 신앙은 마귀를 이기는 무기요, 세상을 이기는 힘입니다(요일 5:4).
(5) 힘써 기도하는 자를 이기게 해 주십니다(마 26:41).

## 5. 시험을 이기는 자가 받는 축복

(1) 믿음의 연단을 받아 아름답게 됩니다(약 1:3).
(2) 인내의 미덕을 이루게 됩니다(약 1:4).
(3) 신앙 인격이 온전해집니다(약 1:4).
(4) 주께로부터 옳다고 인정받습니다(약 1:12).
(5) 생명의 면류관을 받습니다(약 1:12).

## ❖ 복습문제

1. 성도를 시험하는 자는 누구인가?

2. 마귀는 왜 성도를 시험하는가?

3. 마귀가 성도를 시험하는 방법은 무엇인가?

4. 마귀가 성도를 시험하는 목적은 무엇인가?

5. 우리가 누구의 도우심으로 시험을 이길 수 있는가?

6. 하나님은 우리가 감당 못할 시험은 어떻게 하시는가?

7. 성도에게 시험에서 피할 길을 주시는 분은 누구신가?

8. 하나님은 어떤 사람을 시험에서 건져 주시는가?

9. 하나님은 무엇을 가지고 시험을 이기도록 하셨는가?

10. 무엇에 힘쓰는 사람이 시험을 이기는가?

11. 시험을 이기는 자가 받는 복은 무엇인가?

# 18. 세상 종말과 예수의 재림

이는 예수께서 이 세상 끝날에 재림하신다는 것입니다(벧전 4:7, 계 1:7).

## 1. 성경의 예언

성경에 세상 종말과 예수의 재림에 대한 예언은 구약에도 있고 신약에도 있습니다.

### 1) 재림에 대한 예언
(1) 구약
"인자 같은 이가 하늘 구름을 타고 와서"(단 7:13)라고 했고, 또 "네 왕이 네게 임하시나니"(슥 9:9)라고 했습니다.
(2) 신약
① 인자가 오심(마 24:27, 37, 39).
② 그리스도의 오심(살전 2:19, 3:13, 4:15, 5:23, 살후 2:1, 8, 약 5:7~8, 벧후 1:16, 3:4).
③ 그의 오심(고전 15:23).

### 2) 세상 종말이 있을 것이라는 예언
(1) 구약
세상 멸망(사 34:2~4, 욜 2:31, 3:15).
(2) 신약
불 심판(눅 17:28~30, 벧후 3:10~12).

## 2. 예수의 재림 시에 진행되는 일

(1) 예수께서 공중에 재림하십니다(살전 4:17).
(2) 지구상의 전인류가 알도록 재림하십니다(계 1:7, 눅 21:35).
(3) 죽은 성도가 땅속에서 부활할 것입니다(단 12:2, 살전 4:16).
(4) 살아 있는 경건한 성도는 변화될 것입니다(고전 15:51~52).
(5) 부활 변화된 성도들은 공중으로 끌어 올림을 받아 주님을 만나게 될 것입니다(살전 4:17).
(6) 지상에는 무서운 환난이 쏟아질 것입니다(벧후 3:10, 12).

## 3. 세상 종말이 가까웠다는 성경의 예언이 이루어지고 있는가?

성경에 미리 말씀하신 종말에 일어나리라는 일들이 많이 이루어지고 있습니다. 그것을 요약하면 다음과 같습니다.
(1) 많은 사람이 빨리 왕래할 것입니다(단 12:4). 말세에 교통 기관이 발달될 것을 예언한 것입니다.
(2) 사람의 지식이 더할 것입니다(단 12:4). 말세가 되면 지식 수준이 최고도로 발달될 것임을 말한 것입니다.
(3) 거짓 스승과 이단자들의 미혹하는 일이 심해질 것입니다(마 24:4~11).
(4) 전쟁이 심해질 것입니다(마 24:6).
(5) 같은 민족끼리의 대결이 심해질 것입니다(마 24:7).

(6) 기근과 지진이 심해질 것입니다(마 24:7).
(7) 핍박하는 일이 심해질 것입니다(마 24:9~10).
(8) 죄악이 관영해질 것입니다(마 24:12).
(9) 형제가 형제를, 아비가 자식을 죽는 데 내어주며 자식이 부모를 죽일 것입니다(마 10:21).
(10) 성령 충만함을 받을 자가 많아질 것입니다(욜 2:28).
(11) 복음이 온 천하에 전해질 것입니다(마 24:14).

## ❖ 복습문제

1. 세상 끝 날에 예수께서 어떻게 하신다고 했는가?

2. 예수께서 재림하신다는 예언이 수록 되어 있는 성경구절을 구약 성경과 신약 성경에서 각각 한 절씩 말해 보시오.

3. 세상의 종말이 온다는 예언이 수록 되어 있는 성경구절을 구약 성경과 신약 성경에서 각각 한 절씩 말해 보시오.

4. 예수께서 어디에 재림하시는가?

5. 재림하실 때 죽은 성도는 어떻게 되는가?

6. 살아 있는 성도는 주님이 재림하실 때 어떻게 되는가?

7. 부활 변화한 성도는 어디에서 주님을 만나는가?

8. 성도들이 공중으로 끌어올림을 받은 후 지상에 쏟아지는 것이 무엇인가?

9. 세상 종말이 가까우면 교통 기관이 어떻게 되는가?

10. 말세에 사람의 지식은 어떻게 되는가?

11. 말세가 되면 누구의 미혹이 심해지는가?

12. 말세가 되면 전쟁 문제는 어떻게 되는가?

13. 말세에 같은 민족 사이에 어떤 일이 일어나는가?

14. 말세에 기근, 지진, 핍박은 어떠해지는가?

15. 말세에 죄악이 없어지는가, 관영해지는가?

16. 말세에 복음이 전달되는 상황은 어떠해지는가?

# 19. 중요한 교회 절기

## 1. 부활절(마 28:1~10)

그리스도의 부활하심을 기념하는 경축절로서, 사도 시대로부터 경축하여 온 것으로 생각됩니다. 부활절은 우리나라 월력으로 매년 춘분(春分) 후 처음 맞는 만월(滿月) 즉 음력 15일 다음에 오는 주일입니다.

교회마다 다채로운 행사를 하고, 지역마다 각 교회가 연합하여 부활절 새벽에 축하 예배를 드립니다.

## 2. 맥추감사절(출 23:16)

이스라엘 백성들이 봄에 추수한 곡식을 바친 것같이, 봄철에 곡식을 거두게 하여 주신 은혜를 감사하는 절기로 지킵니다. 날짜는 개교회의 형편에 따라 6월 말에서 7월 중순 사이에 지킵니다.

## 3. 추수감사절(출 23:16)

일 년 동안 농사와 사업과 가정에 내려주신 은혜를 계수하고 감사하는 절기입니다.

날짜는 다소간 차이가 있으나 매년 11월 셋째 주일에 감사 예물을 드리며 지킵니다. 어떤 교회는 음식을 만들어 성도들끼리 기쁨으로 잔치를 하기도 합니다.

## 4. 성탄절(눅 2:8~20)

예수님의 탄생을 기념하며 축하하는 날인데, 이 날을 크리스마스 혹은 성탄일이라고도 합니다. 날짜에 대하여 여러 가지 이론이 있으나 주후 4세기 경부터 매년 12월 25일을 경축하는 날로 정하고 각종 행사를 성대하게 합니다.

현재 세계적으로 사용하는 서기(西紀) 연대는 예수님의 탄생을 기점으로 하여 계산한 것입니다. 그러나 그리스도 탄생이 서기 연대보다 4년 앞당겨져야 된다고 합니다. 그 이유는 서기 연대를 계산하던 학자가 4년을 오산했기 때문이라고 합니다.

이 절기에 교회는 고아원, 양로원 등 불우한 이웃을 위로하고 구제하며, 음악 예배로써 축하 행사를 합니다. 성탄절은 세계적인 명절이며, 신·불신자 모두의 경축절이 된 것입니다.

## ❖ 복습문제

1. 부활절은 누구의 부활을 축하하는 절기인가?

2. 매년 다른 부활주일의 날짜는 어떻게 계산하는가?

3. 맥추감사절은 무엇을 감사하는 절기인가?

4. 추수감사절은 무엇을 감사하는 절기인가?

5. 교회력에 정해진 추수감사절은 11월 몇째 주일인가?

6. 성탄절은 누구의 탄생을 축하하는 절기인가?

7. 현재 세계적으로 사용하는 서기(西紀)는 누구의 탄생을 기점으로 한 것인가?


## ❖ 예수님의 열두 제자

1. 베드로(시몬)
2. 안드레
3. 야고보(세베대의 아들)
4. 요한
5. 빌립
6. 바돌로매
7. 도마
8. 마태
9. 야고보(알패오의 아들)
10. 다대오
11. 시몬(가나안인)
12. 가롯 유다

\* 가롯 유다가 예수님을 은 삼십에 팔고 열두 제자에서 탈락한 후, 기도와 제비로 맛디아가 사도로 뽑혀 사도의 반열에 가입되었다.

## 20. 왜 기독교의 교파가 많은가?

### 1. 교파의 종류

(1) 이단 종파(마 24:11, 벧후 3:3~5, 요이 1:10~11)

이는 기독교 역사가 계속되어 오는 중에 생긴 것으로서 그릇된 것임으로 인정할 수 없는 것입니다.

그동안 생겼다가 없어진 것도 많으나 지금도 세계 도처에 많이 있으므로 주의해야 합니다. 그들은 성경을 가지고 있으나 잘못 깨닫고 잘못 풀어, 자기 나름대로 교리를 만들어 가르치기도 하고 전하기도 하는 동시에, 성경 외에 다른 경전을 가지고 그것을 성경 이상으로 비중을 높이며 사용하고 있습니다.

성경에 말세가 되면 이단 종파와 거짓 스승들이 많이 일어나 신자들을 미혹할 것이라고 예언했는데, 현재 그대로 이루어지고 있습니다.

(2) 건전한 교파

성경을 중심으로 하는 건전한 교파들인데 그 수가 많습니다. 장로교, 감리교, 성결교, 구세군, 침례교, 하나님의 성회 등 그 밖에도 많습니다. 이런 건전한 교파는 서로 신임하며 인정을 하고 있습니다.

### 2. 교파가 많이 생긴 이유

각 교파는 각각 고유의 특색을 가지고 있습니다. 예배 의식과 교리적인 방면으로도 그러하고, 교회 조직·행정·제도·헌법 등에 각각 특색이 있습니다. 그러므로 그러한 특색을 살려가면서 전도하고 선교를 각각 힘씀으로 세계적으로 많은 교파들이 생긴 것입니다.

## 3. 교파가 많음으로 유익한 점

교파가 많이 생기지 아니했으면 좋을 뻔했으나 한 편으로 생겨서 해로운 것도 없습니다. 그 이유는 다음과 같습니다.

첫째, 신자들 각자가 자기 개성에 맞는 교파 교회에서 신앙생활을 하게 됨으로 편리합니다.

둘째, 각 교파가 특색을 지니고 사회에 나아가 다방면으로 전도하게 되니 더욱 유익이 됩니다.

셋째, 각 교파끼리 선한 경쟁으로 복음 운동을 하게 됨으로 기독교가 한층 더 왕성하게 된 것입니다.

## ❖ 복습문제

1. 기독교의 교파 중 그릇된 단체가 무엇인가?

2. 이단 종파가 왜 잘못된 방면으로 기울어져 있는가?

3. 정당한 교단은 무엇을 중심으로 하는가?

4. 교파가 많이 생긴 이유는 무엇인가?

5. 교파가 많이 생김으로 유익한 점은 무엇인가?

# 【부록】
# 교인이 꼭 알아야 할 상식

## ♠ 주기도문 (새번역)
하늘에 계신 우리 아버지,
아버지의 이름을 거룩하게 하시며
아버지의 나라가 오게 하시며,
아버지의 뜻이 하늘에서와 같이 땅에서도
이루어지게 하소서.
오늘 우리에게 일용할 양식을 주시고,
우리가 우리에게 잘못한 사람을 용서하여 준 것같이
우리 죄를 용서하여 주시고
우리를 시험에 빠지지 않게 하시고, 악에서 구하소서.
나라와 권능과 영광이 영원히 아버지의 것입니다. 아멘

## ♠ 주기도문
하늘에 계신 우리 아버지여
이름이 거룩히 여김을 받으시오며
나라이 임하옵시며
뜻이 하늘에서 이룬 것같이 땅에서도 이루어지이다
오늘날 우리에게 일용할 양식을 주옵시고
우리가 우리에게 죄 지은 자를 사하여 준 것같이
우리 죄를 사하여 주옵시고
우리를 시험에 들게 하지 마옵시고
다만 악에서 구하옵소서
대개 나라와 권세와 영광이 아버지께
영원히 있사옵나이다. 아멘

## ♠ 사도신경 (새번역)

나는 전능하신 아버지 하나님, 천지의 창조주를 믿습니다. 나는 그의 유일하신 아들, 우리 주 예수 그리스도를 믿습니다.

그는 성령으로 잉태되어 동정녀 마리아에게서 나시고, 본디오 빌라도에게 고난을 받아 십자가에 못 박혀 죽으시고, 장사된 지 사흘 만에 죽은 자 가운데서 다시 살아나셨으며, 하늘에 오르시어 전능하신 아버지 하나님 우편에 앉아 계시다가, 거기로부터 살아있는 자와 죽은 자를 심판하러 오십니다.

나는 성령을 믿으며, 거룩한 공교회와 성도의 교제와 죄를 용서받는 것과 몸의 부활과 영생을 믿습니다. 아멘

## ♠ 사도신경

전능하사 천지를 만드신 하나님 아버지를 내가 믿사오며 그 외아들 우리 주 예수 그리스도를 믿사오니 이는 성령으로 잉태하사 동정녀 마리아에게 나시고 본디오 빌라도에게 고난을 받으사 십자가에 못박혀 죽으시고 장사한 지 사흘 만에 죽은 자 가운데서 다시 살아나시며 하늘에 오르사 전능하신 하나님 우편에 앉아 계시다가 저리로서 산 자와 죽은 자를 심판하러 오시리라.

성령을 믿사오며 거룩한 공회와 성도가 서로 교통하는 것과 죄를 사하여 주시는 것과 몸이 다시 사는 것과 영원히 사는 것을 믿사옵나이다. 아멘

## ♠ 십계명

하나님이 이 모든 말씀으로 말씀하여 이르시되 나는 …… 네 하나님 여호와니라

**제1은** 너는 나 외에는 다른 신들을 네게 두지 말라

**제2는** 너를 위하여 새긴 우상을 만들지 말고 또 위로 하늘에 있는 것이나 아래로 땅에 있는 것이나 땅 아래 물 속에 있는 것의 어떤 형상도 만들지 말며 그것들에게 절하지 말며 그것들을 섬기지 말라

나 네 하나님 여호와는 질투하는 하나님인즉 나를 미워하는 자의 죄를 갚되 아버지로부터 아들에게로 삼사 대까지 이르게 하거니와 나를 사랑하고 내 계명을 지키는 자에게는 천 대까지 은혜를 베푸느니라

**제3은** 너는 네 하나님 여호와의 이름을 망령되게 부르지 말라

여호와는 그의 이름을 망령되게 부르는 자를 죄 없다 하지 아니하리라

**제4는** 안식일을 기억하여 거룩하게 지키라

엿새 동안은 힘써 네 모든 일을 행할 것이나 일곱째 날은 네 하나님 여호와의 안식일인즉 너나 네 아들이나 네 딸이나 네 남종이나 네 여종이나 네 가축이나 네 문안에 머무는 객이라도 아무 일도 하지 말라 이는 엿새 동안에 나 여호와가 하늘과 땅과 바다와 그 가운데 모든 것을 만들고 일곱째 날에 쉬었음이라 그러므로 나 여호와가 안식일을 복되게 하여 그 날을 거룩하게 하였느니라

**제5는** 네 부모를 공경하라

그리하면 네 하나님 여호와가 네게 준 땅에서 네 생명이 길리라

**제6은** 살인하지 말라

**제7은** 간음하지 말라

**제8은** 도둑질하지 말라
**제9는** 네 이웃에 대하여 거짓 증거하지 말라
**제10은** 네 이웃의 집을 탐내지 말라
네 이웃의 아내나 그의 남종이나 그의 여종이나 그의 소나 그의 나귀나 무릇 네 이웃의 소유를 탐내지 말라(출애굽기 20:1~17).

"예수께서 이르시되 네 마음을 다하고 목숨을 다하고 뜻을 다하여 주 너의 하나님을 사랑하라 하셨으니 이것이 크고 첫째 되는 계명이요 둘째도 그와 같으니 네 이웃을 네 자신 같이 사랑하라 하셨으니 이 두 계명이 온 율법과 선지자의 강령이니라"(마 22:37~40).


## ♠ 성경 찾아보는 법

먼저 성경의 목차를 익혀야 합니다.

성경 맨 처음에는 목차가 나오는데 그 순서대로 기록되어 있습니다.

예를 들면 구약에서는 창세기, 출애굽기, 레위기 순으로, 신약에서는 마태복음, 마가복음, 누가복음 등의 순서로 되어 있습니다. 처음에는 생소하나 차차 익숙해지면 '잠언'이라 하면 구약 성경 어느 정도에 있겠다 하는 것을 즉시 생각해 내게 됩니다.

그 다음에는 '약자'들도 기억하시길 바랍니다. 예를 들어 창세기는 '창', 마태복음은 '마', 마가복음은 '막'으로 표시합니다. 이것도 익숙해지면 곧 알게 됩니다.

교회 주보나 다른 곳에 '창 3:15~24'라고 쓰인 것은 창세기 3장 15절에서 24절까지라는 표기입니다. 성경책을 매일 읽으시면 쉽게 익혀집니다.

## ♠ 꼭 기억해 두어야 할 성경 구절

예수 믿는 사람이라면 최소한 다음 성경 구절은 기억해 두어야겠습니다.

(1) 마태복음 11:28(마 11:28)
"수고하고 무거운 짐 진 자들아 다 내게로 오라 내가 너희를 쉬게 하리라"
(2) 요한복음 3:16(요 3:16)
"하나님이 세상을 이처럼 사랑하사 독생자를 주셨으니 이는 그를 믿는 자마다 멸망하지 않고 영생을 얻게 하려 하심이라"
(3) 창세기 1:1(창 1:1)
"태초에 하나님이 천지를 창조하시니라"
(4) 히브리서 11:1~2(히 11:1~2)
"믿음은 바라는 것들의 실상이요 보이지 않는 것들의 증거니 선진들이 이로써 증거를 얻었느니라"
(5) 요한복음 5:24(요 5:24)
"내가 진실로 진실로 너희에게 이르노니 내 말을 듣고 또 나 보내신 이를 믿는 자는 영생을 얻었고 심판에 이르지 아니하나니 사망에서 생명으로 옮겼느니라"

## ♠ 신앙생활에 도움 되는 말씀들

기독교 신앙(믿음)을 다시 요약해 보면, 내 부모님께서 나를 무조건 사랑하시고 자녀 된 우리는 무조건 부모님을 믿고 의지하는 믿음이 바로 신앙인 것입니다. 창조주 하나님께서는 내 부모님의 사랑 이상으로 우리를 사랑하시고 계시나 우리는 미처 그 사랑을 깨닫지 못하고 있었던 것뿐입니다.

성경에는 다음과 같이 기록되어 있어 우리를 깨닫게 해주고 있습니다.

(1) 하나님께서는 우리를 사랑하십니다.
  ① "우리가 아직 죄인 되었을 때에 그리스도께서 우리를 위하여 죽으심으로……"(롬 5:8)
  ② "하나님이 세상을 이처럼 사랑하사 독생자를 주셨으니……"(요 3:16)

(2) 모든 사람은 죄인입니다.
  ① "의인은 없나니 하나도 없으며"(롬 3:10)
  ② "모든 사람이 죄를 범하였으매 하나님의 영광에 이르지 못하더니"(롬 3:23)

(3) 죄에 대한 하나님의 구제책
  ① "영접하는 자 곧 그 이름을 믿는 자들에게는 하나님의 자녀가 되는 권세를 주셨으니"(요 1:12)
  ② "죄의 삯은 사망이요 하나님의 은사는 그리스도 예수 우리 주 안에 있는 영생이니라"(롬 6:23)

(4) 주의 이름을 부르는 자는 구원 얻을 수 있습니다.
  ① "누구든지 주의 이름을 부르는 자는 구원을 받으리라"(롬 10:13)
  ② "볼지어다 내가 문 밖에 서서 두드리노니 누구든지 내 음성을 듣고 문을 열면 내가 그에게로 들어가……"(계 3:20)

## ♠ 참고 되는 성구

(1) 어려움을 당할 때/시 50:15
(2) 믿어지지 않을 때/시 121편, 요 20:24~29
(3) 외롭고 고독할 때/시 23편, 요 14:16~18
(4) 기도에 힘이 없을 때/눅 11:5~13
(5) 가족이 세상을 떠났을 때/요 14:1~16
(6) 살고 싶은 생각이 없을 때/롬 14:7~9
(7) 가족이 다 믿지 않을 때/행 16:31~34
(8) 화가 날 때/약 1:19~20
(9) 감사한 일이 생겼을 때/ 눅 17:11~19, 골 3:15~17
(10) 병이 났을 때/고후 12:7~10, 약 5:14~16
(11) 결혼할 때/마 19:4~6, 엡 5:22~33
(12) 생일 때/(어린이) 엡 6:1~3, (어른) 시 23:1~6
(13) 이사 갔을 때/시 119:54, 마 7:24~27
(14) 사업을 시작할 때/시 125:1~5
(15) 회갑을 맞이할 때/시 90:1~12
(16) 구원의 방법/요 3:3~16, 롬 10:9
(17) 근심할 때에 평안/요 14장, 빌 4:6~7
(18) 두려울 때에 용기/고후 4:8~18, 히 13:5~6
(19) 괴로울 때에 평안/고후 12:8~10, 히 12:3~13
(20) 피곤할 때에 안식/마 11:28~30
(21) 슬플 때에 위안/고후 1:3~5
(22) 유혹 당할 때에 힘/고전 10:6~13, 약 1:12~16
(23) 용서 받을 때에 기쁨/요일 1:7~10
(24) 감사할 때에 찬미/살전 5:18, 히 13:15

# 중요한 낱말 풀이

## 계시

하나님의 오묘한 진리를 인간이 이해할 수 있도록 나타내 보여 주는 것을 말한다. 우리는 '예수님이 곧 하나님의 계시'임을 믿는다(히 1:1~12).

## 메시아

'기름 부음 받은 자'란 뜻인데, 즉 구세주를 가리키는 말이다. 그리스도와 동의어이다.

구약에서는 왕이나 제사장, 선지자에게 임직하는 의식에서 기름을 부었는데(레 4:3, 6:15) 예수님이야말로 신령한 의미에서 위의 세 직분을 다 가지신 분으로 믿게 되었다. 그러므로 이제는 예수님을 지칭하는 고유 명사가 된 것이다.

## 보혜사

이 말의 원 뜻은 '위로자, 도우시는 이'이다. 예수께서 승천하신 뒤에 그를 대신해서 제자들을 인도하고 복음을 이해시키고 시련과 박해에 참고 견디게 하는 하나님의 영, 성령을 말한다(요 14:16, 15:26, 16:7).

## 알파와 오메가

희랍어 알파벳의 첫 자와 마지막 글자. 하나님 자신을 나타낸 말로서(계 1:8, 21:6), 또한 그리스도를 상징하는 이름이기도 하다(계 22:13). 하나님은 알파와 오메가로서 처음과 나중이시다(사 41:4, 44:6).

## 스올(음부)

우주를 3층(하늘, 땅, 땅 밑)으로 보는 관념에 의하여 죽은 자의 영혼들이 사는 땅 밑의 세계를 가리킨다(민 16:33, 욥 17:13, 시 16:10 등).

스올(음부)에서는 하나님과의 교통이 단절되므로 무섭게 생각되었다(시 6:5, 사 38:18). 신약시대에 와서는 죽은 후 악인이 가는 장소로도 나타나 있다(눅 16:22 이하).


## 인자(人子)

예수가 자신을 부르는 이름. 단순히 인간 내지는 인간의 아들이라는 뜻만이 아니고, 구주를 뜻하는 다니엘 7:13의 용법이 그 배후에 있다고 생각된다. 이는 구주가 고난을 받는다고 하는 점이 강조되어 있다.


## 임마누엘

"하나님이 우리와 함께 계신다"는 말인데, 구약시대 이사야 선지자가 아하스에게 예언하였다(사 7:14).

마태는 이사야의 이 말을 인용하고 예수를 임마누엘의 실현이라고 보았다(마 1:23).


## 재림

이 세상 끝날 왕국 건설을 위해 그리스도께서 다시 오심 또는 강림하심을 나타내는 말. 예수님의 구속 사역은 재림에 의하여 완성될 것이며, 심판에 의해 만물을 하나님의 통치 아래 복종케 할 것이다(고전 15:23~28, 살전 2:19).

## 주의 기도(주기도문)

예수께서 제자들에게 모범적인 기도로 가르쳐 주신 것이다(마 6:9~13, 눅 11:2~4).

이는 여섯 가지 기원으로 되어 있는데, 앞의 세 가지는 하나님의 이름과 나라와 뜻에 관계되는 것이고, 뒤의 세 가지는 우리 자신에 관한 것으로 일용할 양식과 죄에서의 용서와 악에서 구하여 달라는 기도이다.

## 중보자(仲保者)

서로 대립해 있는 두 사람 사이에 서서 적대하는 마음의 원인을 제거해 주고 우정 회복과 언약의 체결을 위해 알선하는 사람을 말한다.

구약시대의 중보자는 제사장이었으나, 신약에 와서는 예수 그리스도 자신이 하나님과 인간 사이의 중보자로 세상에 오셨다(딤전 2:5~6). 그러므로 중보자는 예수 그리스도를 가리키는 말이다.

## 중생(重生)

하나님을 떠나 죄악 중에 있던 인간이 그리스도를 통해 나타난 하나님의 은혜로 영적인 새사람, 즉 하나님의 자녀가 된다는 말이다.

성경에는 '거듭난다'(요 3:3), '새로 지음 받은 사람'(고후 5:17, 엡 4:24, 골 3:10) 등으로 표현했는데 같은 뜻의 말이다. 예수님은 니고데모에게 "거듭나지 않고서는 하나님나라에 들어갈 수 없다"고 하셨다. 그러므로 중생은 구원의 출발이다.

## 탈무드

유대인 율법학자들의 구전과 해설을 수집한 책이다. 제1부는 미쉬나(본문), 제2부는 게마라(주석)로 되어 있다. 미쉬나는 모세의 율법을 중심으로 한 구전 율법인데, 히브리어로 기록되었다.

## 할렐루야

"너희는 여호와를 찬송하라"는 뜻의 히브리 말이다. 이 말은 주로 시편의 처음이나 끝부분에 사용되었다.

초대교회는 할렐루야 시를 날마다 암송했으며, 예수님과 제자들이 마지막 만찬 후에 부른 찬미도 이 할렐 시편의 후반부였을 것이다(마 26:30, 막 14:26).

## 호산나

"이제 구원하옵소서"란 뜻의 히브리 말이다. 시편 118:25로부터 인용되었다. 예수께서 예루살렘에 입성하실 때 무리들이 환영하여 부르짖은 환호의 소리로서(마 21:9, 막 11:9, 요 12:13), 이는 메시아를 대망하는 그들이 예수를 메시아로 환영함을 나타낸다.

## 회개

죄악 세상에 빠진 마음을 하나님의 은혜의 세계로 방향을 바꾸는 것을 말한다. 회심과 같은 의미이다. 탕자의 이야기 참조(눅 15:11 이하).

# 새신자를 위한 심방 안내

 예수를 믿기로 작정하고 교회에 등록한 분들은 그 교회 교인의 한 사람이 되는 것입니다. 교회는 등록하신 분들을 반갑게 환영하는 동시에 수시로 가정을 방문하는 일을 하는데, 이를 '심방'이라 합니다.

## 1. 심방의 필요성
 가정 심방해야 하고 또 심방 받아야 할 필요성은 다음과 같습니다.
 (1) 그리스도의 이름으로 복을 빌어 주기 위함입니다.
 (2) 믿는 도리를 잘 깨달아 알도록 지도하기 위함입니다.
 (3) 대소사의 어떤 일에 어려움이나 근심, 걱정스러운 일이 있으면 함께 기도하고 위로하며 격려하기 위함입니다.
 (4) 그리스도 안에서 교제하고 영육간의 문제에 대하여 상담하기 위함입니다.

## 2. 심방하는 분들
 (1) 구역장과 구역 권찰 2~3명이 금요일 혹은 수시로 방문합니다.
 (2) 그 구역을 담당한 교역자(부목사 및 남녀 전도사)가 방문하는 때도 있습니다.
 (3) 특별한 때는 장로님들이나 당회장 목사님이 방문하기도 합니다.

## 3. 심방 일시

(1) 대부분의 교회마다 매주 금요일을 정기 구역 심방일로 정하여 실시하고 있습니다.
(2) 수시로 예고 없이 방문하는 때도 있습니다(인근에 특별 심방차 왔다가 혹은 주일 예배에 결석했을 때).
(3) 특별한 일이 있을 때 교회가 알게 되면 심방 요청이 없어도 방문합니다.
(4) 성도들의 가정에서 심방 요청이 있을 때 방문합니다.
(5) 대심방은 당회의 결의로 구역별로 날짜와 대원을 배정, 광고하고 실시하게 됩니다.

## 4. 심방대원 영접

(1) 각 가정에서는 가정 내를 깨끗이 하고 실내에는 이미 있는 방석을 깔고 예배를 인도하실 분의 자리에 작은 상을 갖다 놓습니다.
(2) 특별한 일로 가정 심방 시, 감사헌금을 하게 될 경우에는 형편대로 준비한 헌금을 봉투에 담아 구역과 이름을 기록하여 예배 전에 상에 올려놓습니다. 이는 예배를 통하여 헌금을 하나님께 바치기 위함이요, 예배 인도자가 감사의 조건을 미리 알고 축복기도를 할 수 있게 하기 위함입니다.
(3) 심방대원들이 오면 반갑게 영접하고 실내로 안내합니다.
(4) 예배 시간에 다른 방에 있는 식구들을(학생들까지라도) 가급적 참석하게 합니다.
(5) 다과 준비가 되었으면 예배 후에 나누고 혹은 간단한 선물로 대신할 수도 있습니다.

(6) 예배 도중이나 식사 기도 중에는 실내 출입이나 그릇, 수저 등을 놓는 일을 일체 하지 아니해야 합니다.

(7) 심방 예배는 하나님께 영광을 돌리고 내 가정에 복을 빌어주는 일이므로 기쁜 마음으로 환영하고, 예배와 기도에 정성을 다하여야 할 것입니다.

(8) 처음 믿는 분들 중에 불신 가족이 있거나 집 주인이 예배드리는 일을 적극 반대한다면, 이해될 동안 다른 분들의 가정에 가서 함께 예배를 드릴 수도 있습니다.

# 새신자를 위한 구역예배 안내

신앙생활의 여러 과제 중 제일 첫째 순서요 중요한 일이며 가장 힘쓸 일은 예배드리는 것입니다. 예배도 여러 종류가 있으나 한 구역 신자들이 함께 어느 가정에 모여 드리는 '구역예배'가 있습니다.

## 1. 구역예배의 귀중성

예수께서는 성도들이 두세 사람이라도 내 이름으로 모이면 함께 하시겠다고 말씀하셨고(마 18:20), 하나님께서는 신령과 진정으로 예배드리는 자를 찾으신다고 하셨습니다(요 4:23).

이렇게 말씀하신 것은 그 경배를 받으시고 은혜를 주시기 위함입니다. 그러므로 내 집에서 구역예배를 드린다는 것은 참으로 복된 일이라 할 수 있습니다.

내 집을 장소로 정하거든 사양치 말고 기쁨으로 허락할 것이며, 다른 집으로 정해질 때에도 빠지지 말고 참석해야 할 것입니다.

## 2. 구역예배 일시

대부분의 교회가 매주 금요일을 구역예배 드리는 날로 정하고 실시하는데, 이는 금요일이 예수께서 우리 죄를 담당하시고 십자가에 못 박혀 죽으신 날이므로 감사하지 않을 수 없기 때문이기도 합니다.

모이는 시간은 그 구역 성도들의 형편에 알맞은 시간을 정하여 모입니다. 정오 이전, 혹 정오 이후, 또는 저녁 식사 이후로 정할 수도 있습니다.

모임 시간을 정하면 모든 성도들이 그 시간을 잘 지켜서 다른 분들이 시간 낭비하는 일이 없도록 해야 합니다.

### 3. 구역예배 장소

그 구역에 속한 성도들의 가정을 순번대로 돌아가면서 모입니다. 혹 가족들이 믿지 않는 가정이나 집 주인이 반대하는 경우는 그 가정을 제외하는 것이 좋습니다.

다음 장소를 정하는 일은 구역예배 마친 후에 의논하여 정할 것이며 정하기 어려운 때에는 구역장에게 일임하는 것이 좋습니다.

### 4. 구역예배 참석자

그 구역 신자는 가급적 전원 참석해야 합니다. 처음 믿는 분이나 오래 전부터 믿은 분, 직분을 가진 분이나 안 가진 분 모두 함께 모여야 합니다.

혹시 바쁜 일이 있더라도 잠시 와서 예배드린 후에 하도록 하고, 출타하실 분도 예배드린 후 출타해야 합니다. 그리고 어린아이들이라도 가급적이면 참석하게 해야 합니다.

### 5. 구역예배 장소 준비

(1) 실내를 깨끗이 하고 방석이 있으면 깔아 놓아야 합니다.
(2) 예배 인도자를 위하여 작은 상을 갖다 놓아야 합니다.
(3) 구역예배 헌금을 사전에 준비해야 합니다.
(4) 집안 식구들, 특히 어린아이들까지 참석하도록 사전에 권면해야 할 것입니다.

(5) 예배를 마친 후 구역원간의 교제 시간을 갖는 것은 유익하나, 많은 비용을 들여 번거롭게 하지 말고 간단하게 다과 정도로 하는 것이 좋습니다.

# 사복음서 주요 사건 대조표

( )는 장소

| 사 건 | 마 태 | 마 가 | 누 가 | 요 한 |
|---|---|---|---|---|
| ① 누가복음의 서문 | | | 1:1~4 | |
| ② 요한복음의 서문 | | | | 1:1~18 |
| ③ 예수의 계통 | 1:1~17 | | 3:23~38 | |
| ④ 사가랴에게 요한의 탄생을 알려줌 (예루살렘 성전) | | | 1:5~25 | |
| ⑤ 마리아에게 예수 탄생을 알려줌 (나사렛) | | | 1:26~38 | |
| ⑥ 요셉에게 예수 탄생을 알려줌 (나사렛) | 1:18~23 | | | |
| ⑦ 예수의 탄생 (베들레헴) | 1:24~25 | | 2:1~7 | |
| ⑧ 세례 요한의 등장 | 3:1~12 | 1:1~8 | 3:1~18 | 1:19~28 |
| ⑨ 광야의 시험 (유대 광야) | 4:1~11 | 1:12~13 | 4:1~13 | |
| ⑩ 제1회 유월절 (예루살렘) | | | | 2:13~25 |
| ⑪ 예수의 전도 개시 (갈릴리) | 4:12~17 | 1:14~15 | 4:14~15 | |
| ⑫ 시몬과 안드레를 부르심 (가버나움 부근) | 4:18~22 | 1:16~20 | 5:1~11 | |
| ⑬ 제2회 유월절 (예루살렘) | | | | 5:1~47 |
| ⑭ 12제자를 선택 (가버나움 부근) | 10:2~4 | 3:13~19 | 6:12~16 | |

| 사 건 | 마 태 | 마 가 | 누 가 | 요 한 |
|---|---|---|---|---|
| ⑮ 산상설교 (가버나움 부근) | 5:1~8:1 | | 6:20~49 | |
| ⑯ 씨 뿌리는 비유 (가버나움) | 13:1~53 | 4:1~34 | 8:4~18 13:18~19 | |
| ⑰ 야이로의 딸과 혈루증 여인 (가버나움) | 9:18~26 | 5:21~43 | 8:40~56 | |
| ⑱ 5,000명을 먹이심 (갈릴리호수북동쪽) | 14:13~21 | 6:30~44 | 9:12~17 | 6:1~14 |
| ⑲ 제3회 유월절 (가버나움) | | | | 6:22~71 |
| ⑳ 베드로의 고백 (가이사랴 빌립보) | 16:13~20 | 8:27~33 | 9:18~22 | |
| ㉑ 변화산의 예수 (가이사랴 빌립보) | 17:1~13 | 9:2~8 | 9:28~36 | |
| ㉒ 초막절(예루살렘) | | | | 7:2~52 |
| ㉓ 나사로의 부활 (베다니) | | | | 11:1~46 |
| ㉔ 부자 청년(베뢰아) | 19:16~30 | 10:17~31 | 18:18~30 | |
| ㉕ 예루살렘 입성 | 21:1~11 | 11:1~11 | 19:28~44 | 12:12~19 |
| ㉖ 성전 청결 (예루살렘) | 21:12~17 | 11:15~18 | 19:45~46 | 2:13~17 |
| ㉗ 가이사의 것, 하나님의 것 (예루살렘) | 22:15~22 | 12:13~17 | 20:20~26 | |
| ㉘ 부활의 질문 (예루살렘) | 22:23~33 | 12:18~27 | 20:27~40 | |
| ㉙ 율법의 완결 (예루살렘) | 22:34~40 | 12:28~34 | 10:25~28 | |
| ㉚ 성전붕괴와 예수 재림(감람산) | 24:1~31 | 13:1~27 | 21:5~28 | |
| ㉛ 열 처녀와 달란트 비유(감람산) | 25:1~13 25:14~30 | 13:35~37 | 12:35~36 | |

| 사 건 | 마 태 | 마 가 | 누 가 | 요 한 |
|---|---|---|---|---|
| ㉜ 장례 준비 (예루살렘) | 26:6~13 | 14:3~9 | 7:36~50 | |
| ㉝ 유다의 반역 (예루살렘) | 26:14~16 | 14:10~11 | 22:3~6 | |
| ㉞ 최후의 유월절 (제자의 발을 씻음, 유다 퇴장, 주의 만찬)(예루살렘) | 26:17~29 | 14:12~25 | 22:7~30 | 13:1~35 |
| ㉟ 겟세마네의 기도 예수의 체포 (겟세마네) | 26:36~56 | 14:32~52 | 22:40~53 | 18:12 |
| ㊱ 베드로의 부인 (예루살렘 대제사장 집뜰) | 26:69~75 | 14:66~72 | 22:54~62 | 18:15~27 |
| ㊲ 예수, 빌라도에게 인도됨, 재판 (총독의 성곽 내) | 27:1,11~14 | 15:1~5 | 23:1~5 | 18:28~30 |
| ㊳ 십자가(골고다) | 27:32~56 | 15:21~41 | 23:26~49 | 19:16~30 |
| ㊴ 장사 | 27:57~61 | 15:42~47 | 23:50~56 | 19:31~42 |
| ㊵ 부활의 아침 | 28:1~10 | 16:1~8 | 24:1~12 | 20:1~18 |
| ㊶ 엠마오로 가는 길에서(예루살렘교외) | | 16:12~13 | 24:13~35 | |
| ㊷ 열한 제자에게 나타나심 (예루살렘 교외) | | 16:14 | 24:36~49 | 20:19~23 |
| ㊸ 크신 약속 (갈릴리 산상) | 28:16~20 | 16:15~16 | | |
| ㊹ 승천(감람산) | | | 24:50~53 | |
| ㊺ 요한의 결어 | | | | 20:30~31 21:24~25 |

# 성경분류표

## 구약 성경 (39권)

| 율법서 (5) | 역사서 (12) | 시가서 (5) | 예언서 (17) | | |
|---|---|---|---|---|---|
| | | | 대예언서 | 소예언서 | |
| ① 창세기 (50) | ① 여호수아 (24) | ① 욥기 (42) | ① 이사야 (66) | ① 호세아 (14) | |
| ② 출애굽기 (40) | ② 사사기 (21) | ② 시편 (150) | ② 예레미야 (52) | ② 요엘 (3) | |
| ③ 레위기 (27) | ③ 룻기 (4) | ③ 잠언 (31) | ③ 예레미야애가 (5) | ③ 아모스 (9) | |
| ④ 민수기 (36) | ④ 사무엘상 (31) | ④ 전도서 (12) | ④ 에스겔 (48) | ④ 오바댜 (1) | |
| ⑤ 신명기 (34) | ⑤ 사무엘하 (24) | ⑤ 아가 (8) | ⑤ 다니엘 (12) | ⑤ 요나 (4) | |
| | ⑥ 열왕기상 (22) | | | ⑥ 미가 (7) | |
| | ⑦ 열왕기하 (25) | | | ⑦ 나훔 (3) | |
| | ⑧ 역대상 (29) | | | ⑧ 하박국 (3) | |
| | ⑨ 역대하 (36) | | | ⑨ 스바냐 (3) | |
| | ⑩ 에스라 (10) | | | ⑩ 학개 (2) | |
| | ⑪ 느헤미야 (13) | | | ⑪ 스가랴 (14) | |
| | ⑫ 에스더 (10) | | | ⑫ 말라기 (4) | |
| B.C. 1500 | B.C. 1425~500 | B.C. 1400~450 | B.C. 700~400 | | |

* 오실 메시아에 대한 예언
** 책 오른편의 ( )안의 숫자는 장수(章數)

## 신약 성경 (27권)

| 복음서 (4) | 역사서 (1) | 서신서 (21) | 예언서 (1) |
|---|---|---|---|
| ① 마태복음 (28) | ① 사도행전 (28) | ① 로마서 (16) | ① 요한계시록 (22) |
| ② 마가복음 (16) | | ② 고린도전서 (16) | |
| ③ 누가복음 (24) | | ③ 고린도후서 (13) | |
| ④ 요한복음 (21) | | ④ 갈라디아서 (6) | |
| | | ⑤ 에베소서 (6) | |
| | | ⑥ 빌립보서 (4) | |
| | | ⑦ 골로새서 (4) | |
| | | ⑧ 데살로니가전서 (5) | |
| | | ⑨ 데살로니가후서 (3) | |
| | | ⑩ 디모데전서 (6) | |
| | | ⑪ 디모데후서 (4) | |
| | | ⑫ 디도서 (3) | |
| | | ⑬ 빌레몬서 (1) | |
| | | ⑭ 히브리서 (13) | |
| | | ⑮ 야고보서 (5) | |
| | | ⑯ 베드로전서 (5) | |
| | | ⑰ 베드로후서 (3) | |
| | | ⑱ 요한1서 (5) | |
| | | ⑲ 요한2서 (1) | |
| | | ⑳ 요한3서 (1) | |
| | | ㉑ 유다서 (1) | |
| A.D. 50~90 | A.D. 63 | A.D. 50~90 | A.D. 96 |

* 예언에 대한 성취 (오신 메시아에 대하여)

# 나의 교회생활 출석부

① 이 표는 누구에게 보이기 위한 것이 아니라 내 스스로 신앙을 점검하는 것이므로 양심껏 기록해야 합니다.
② 이 표에 무관심한 이는 자기 신앙에 무관심한 것과 같습니다.
③ 이 표는 신앙생활을 개선하는 데 있습니다. 결석 없애고, 지각 없애고, 출석으로 채웁시다.
④ 표기방법

　출석: / 결석: ○ 지각: × 출타예배참석: △ 병결: +

| 주일별 \ 월별 | | 1월 | 2월 | 3월 | 4월 | 5월 | 6월 | 7월 | 8월 | 9월 | 10월 | 11월 | 12월 |
|---|---|---|---|---|---|---|---|---|---|---|---|---|---|
| 제1차주간 | 주일낮 | | | | | | | | | | | | |
| | 주일오후 | | | | | | | | | | | | |
| | 수요일 | | | | | | | | | | | | |
| 제2차주간 | 주일낮 | | | | | | | | | | | | |
| | 주일오후 | | | | | | | | | | | | |
| | 수요일 | | | | | | | | | | | | |
| 제3차주간 | 주일낮 | | | | | | | | | | | | |
| | 주일오후 | | | | | | | | | | | | |
| | 수요일 | | | | | | | | | | | | |
| 제4차주간 | 주일낮 | | | | | | | | | | | | |
| | 주일오후 | | | | | | | | | | | | |
| | 수요일 | | | | | | | | | | | | |
| 제5차주간 | 주일낮 | | | | | | | | | | | | |
| | 주일오후 | | | | | | | | | | | | |
| | 수요일 | | | | | | | | | | | | |
| 계 | | | | | | | | | | | | | |

# 새신자 가이드

•

1981년 1월 25일 1판 1쇄 발행
2014년 4월 10일 1판 75쇄 발행
2019년 3월 15일 2판 2쇄 발행
2025년 8월 29일 3판 3쇄 인쇄

지은이: 박원섭
펴낸이: 황성연

**펴낸곳 한국문서선교회**

등록: 1981.11.12 NO.제14-37호
주소: 경기도 파주시 혜음로 883번길 39-32
이메일: mission3496@naver.com
디자인:청우(박상진)
TEL: 031)947-7777
FAX: 0505-365-0691
정가 5,500원

•

잘못된 책은 바꾸어 드립니다
*판권 본사 소유*